KB052055

마법천자문의 학습 효과를 급수한자까지!

마법
급수한자

글 이유남 그림 서규석

6급-2

아울북

한자능력검정시험 안내

한자능력검정시험이란?

사단법인 한국어문회가 주관하고 한국한자능력검정회가 시행하는 한자 활용능력시험을 말합니다. 1992년 12월 9일 1회 시험을 시작으로 2001년 1월 1일 이후, 국가공인 자격시험(1급~3급Ⅱ)으로 치러지고 있습니다.

언제, 어떻게 치르나요?

한자능력검정시험은 공인급수 시험(1급, 2급, 3급, 3급Ⅱ)과 교육급수 시험(4급, 4급Ⅱ, 5급, 6급, 6급Ⅱ, 7급, 8급)으로 나뉘어 각각 1년에 4번 치러집니다. 누구나 원하는 급수에 응시할 수 있으며, 응시 원서의 접수는 방문 접수와 인터넷 접수 모두 가능합니다. (기타 자세한 내용은 한국한자능력검정회 홈페이지 참조. http://www.hanja.re.kr)

어떤 문제가 나오나요?

급수별 자세한 출제 기준은 다음과 같습니다.

한자능력검정시험 출제 유형

구분	공인 급수				교육 급수						
	1급	2급	3급	3급Ⅱ	4급	4급Ⅱ	5급	6급	6급Ⅱ	7급	8급
읽기 배정 한자	3,500	2,355	1,817	1,500	1,000	750	500	300	300	150	50
쓰기 배정 한자	2,005	1,817	1,000	750	500	400	300	150	50	0	0
독음	50	45	45	45	32	35	35	33	32	32	24
훈음	32	27	27	27	22	22	23	22	29	30	24
장단음	10	5	5	5	3	0	0	0	0	0	0
반의어	10	10	10	10	3	3	3	3	2	2	0
완성형	15	10	10	10	5	5	4	3	2	2	0
부수	10	5	5	5	3	3	0	0	0	0	0
동의어	10	5	5	5	3	3	3	2	0	0	0
동음이의어	10	5	5	5	3	3	3	2	0	0	0
뜻풀이	10	5	5	5	3	3	3	2	2	2	0
필순	0	0	0	0	0	0	3	3	3	2	2
약자	3	3	3	3	3	3	3	0	0	0	0
한자쓰기	40	30	30	30	20	20	20	20	10	0	0
출제 문항 수	200	150	150	150	100	100	100	90	80	70	50

* 쓰기 배정 한자는 한두 급수 아래의 읽기 배정 한자이거나 그 범위 내에 있습니다.
* 출제 유형표는 기본 지침 자료로써, 출제자의 의도에 따라 차이가 있을 수 있습니다.

급수는 어떻게 나눠지며, 합격 기준은 무엇인가요?

한자능력검정시험은 공인급수와 교육급수로 나뉘어지며, 8급부터 1급까지 11단계로 되어 있습니다.

한자능력검정시험 급수 배정표

급수		수준	특성
교육급수	8급	읽기 50자, 쓰기 없음	유치원생이나 초등학생의 학습 동기 부여를 위한 급수
	7급	읽기 150자, 쓰기 없음	한자 공부를 처음 시작하는 분을 위한 초급 단계
	6급Ⅱ	읽기 300자, 쓰기 50자	한자 쓰기를 시작하는 첫 급수
	6급	읽기 300자, 쓰기 150자	기초 한자 쓰기를 시작하는 급수
	5급	읽기 500자, 쓰기 300자	학습용 한자 쓰기를 시작하는 급수
	4급Ⅱ	읽기 750자, 쓰기 400자	5급과 4급의 격차를 해소하기 위한 급수
	4급	읽기 1,000자, 쓰기 500자	초급에서 중급으로 올라가는 급수
공인급수	3급Ⅱ	읽기 1,500자, 쓰기 750자	4급과 3급의 격차를 해소하기 위한 급수
	3급	읽기 1,817자, 쓰기 1,000자	신문 또는 일반 교양서를 읽을 수 있는 수준
	2급	읽기 2,355자, 쓰기 1,817자	일상 한자어를 구사할 수 있는 수준
	1급	읽기 3,500자, 쓰기 2,005자	국한혼용 고전을 불편 없이 읽고 공부할 수 있는 수준

한자능력검정시험 합격 기준표

구분	공인 급수				교육 급수						
	1급	2급	3급	3급Ⅱ	4급	4급Ⅱ	5급	6급	6급Ⅱ	7급	8급
출제 문항 수	200	150	150	150	100	100	100	90	80	70	50
합격 문항 수	160	105	105	105	70	70	70	63	56	49	35
시험 시간	90분	60분			50분						

＊ 1급은 출제 문항 수의 80% 이상, 2급~8급은 70% 이상 득점하면 합격입니다.

급수를 따면 어떤 점이 좋은가요?

- 1~3급Ⅱ는 국가 공인급수로 초, 중, 고등학교 생활기록부의 자격증 및 인증 취득 상황란에 정식 기재되며, 4~8급은 교과 학습 발달 상황란에 기재됩니다.
- 대학 입시 수시 모집 및 특기자 전형에 지원이 가능합니다.
- 대학 입시 면접에 가산점 부여 및 졸업 인증, 학점 반영 등 혜택이 주어집니다.
- 언론사와 기업체의 입사 및 승진 등 인사고과에 반영됩니다.

이 책의 구성과 특징

마법한자 주문
주문으로 한자를 외워요!
주문만 외우면, 한자가 나왔을 때 금방 무슨 한자인지 떠올릴 수 있습니다.

자원(字源)과 용례
한자가 어떻게 만들어졌는지 어떻게 쓰이는지 알려 줍니다. 주문과 연결해서 익히는 것이 더욱 효과적입니다.

6급 마법급수한자

월 일 확인

여덟 명이 모두 함께! 함께 공 共!

훈/음, 부수
훈과 음과 부수를 보여 줍니다.

共
훈 함께 음 공

八 부수 (여덟팔 부수)

여덟(八) 명이 함께 '함께 공(共)' 자를 만들었어.

빨리 찾기
여기를 보면, 한자를 쉽게 찾을 수 있습니다.

公 共 開 放 成 功 始 發 言 明

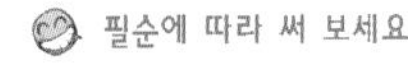

필순에 따라 써 보세요.

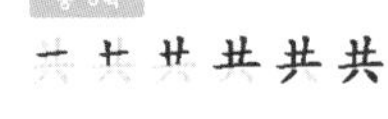

총 6획

필순 보기
필순과 더불어 획의 방향이 나타나 있어서 알아보기가 쉽습니다. 필순이 표시된 방향을 따라서 손가락으로 책 위에 한자를 써 봅시다.

필순

共
함께 공

이렇게 쓰여요.

共有
공 유
함께 공 있을 유

공유: 여럿이 공동으로 소유함. "교실은 모든 학생들이 공유하는 곳이다."

共同
공 동
함께 공 한가지 동

공동: 한 가지 일을 여럿이 같이 함. "남북한이 공동으로 축구 대회를 처음 개최하였다."

낱말 활용
한 글자에 낱말이 두 개씩! 방금 익힌 한자가 낱말 속에서 어떻게 쓰이는지 예문과 함께 살펴보세요.

넷!
함
이
께!

31

필순대로 써 보기
필순에 따라 한자를 직접 써 봅니다. 필순이 손에 익으면 한자도 쉽게 외워지고, 한자 모양도 예뻐집니다.

〈마법천자문〉 한 장면
한자나 낱말에 관련된 〈마법천자문〉의 한 장면입니다.
〈마법천자문〉을 읽은 사람에게는 더욱 효과적이지요!

〈마법급수한자〉는 이렇게 달라요.

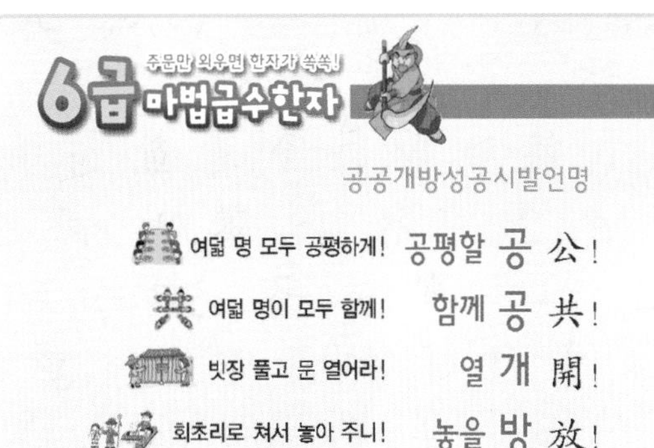

주문만 외우면 한자가 쏙쏙!
6급 마법급수한자
공공개방성공시발언명
여덟 명 모두 공평하게! 공평할 공 公!
여덟 명이 모두 함께! 함께 공 共!
빗장 풀고 문 열어라! 열 개 開!
회초리로 쳐서 놓아 주니! 놓을 방 放!
창으로 목표를 이루니! 이룰 성 成!

청킹으로 낱자들을 묶어서 기억한다! 한자의 키 포인트를 주문으로 외운다!

〈마법급수한자〉는 학습할 낱자들을 서로 관련성이 높은 것끼리 묶어서 기억합니다. 청킹(chunking: 덩어리) 기법으로 외우면, 암기가 훨씬 빨라지고, 오래 기억할 수 있습니다.
또, 〈마법급수한자〉의 모든 한자에는 주문이 달려 있습니다. 이 주문은 한자의 생성 원리와 형태, 훈과 음을 한 덩어리로 외우게 하여 암기 부담을 덜어 줍니다.

만화로 익히니 한자가 더욱 재미있다! 만화만으로도 쉽게 한자를 익힐 수 있어!

〈마법급수한자〉는 급수서의 딱딱한 틀에서 벗어나 학습 과정에 만화를 적극 도입하였습니다. 만화 속에는 공부할 한자나 낱말들이 꼬리를 물고 등장하여 충분한 선행학습이 이루어지게 됩니다. 또, 각 한자와 관련된 〈마법천자문〉의 장면이 함께 나와 있어 더욱 효과적으로 암기가 됩니다.

책꽂이를 유용하게 쓰니 쓸 용! 用
주인 주에 물 부으니 부을 주! 注

암기에 실제로 도움이 되는 독창적·현대적인 자원(字源) 해설!

일반적인 자원 해설은 어른조차 이해하기 힘듭니다. 〈마법급수한자〉의 자원 해설은 한자의 생성 원리에 기초하면서도, 한자 암기에 실제적으로 도움이 되도록 많은 부분을 어린이의 시각에서 현대적으로 재구성하였습니다.

6급 마법급수한자 낱말 깨치기
월 일 확인
원근
遠近
멀 원 가까울 근
원근 : 멀고 가까움. 먼 곳과 가까운 곳.
교통
交通
사귈 교 통할 통
교통 : 사람이나 탈것이 일정한 길을 따라 오고 가고 하는 일.

낱자가 아니라 낱말로 익히는 한자! 어휘 학습을 대폭 강화했습니다.

한자 공부의 궁극적인 목적은 어휘력을 높이는 것입니다. 〈마법급수한자〉는 낱자 학습에서 글자마다 2개씩 100개의 낱말을 예문과 함께 익힐 수 있습니다. 또, 별도의 〈낱말 깨치기〉 코너를 통해 6급 낱말 60개에 대한 쓰기 연습을 할 수 있습니다.

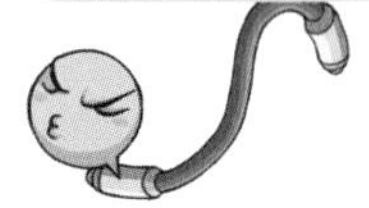

잠깐만!

잠깐씩 묶어서 공부해요!

6급 시험에는 읽기, 쓰기, 반의어, 유의어, 동음이의어, 완성형, 필순 등 다양한 문제들이 출제됩니다. 아래의 '잠깐만' 코너를 통해 이런 문제들에 잘 대비합시다.

6급-1 마법급수한자

6급-2 마법급수한자

6급-3 마법급수한자

주문만 외우면 한자가 쏙쏙!

6급 마법급수한자

원근교통신운대은행로

멀어서 가물가물! 멀 원 遠!

도끼는 가까운 데 두어라! 가까울 근 近!

모자 든 아비 부는! 사귈 교 交!

길을 통해 걸어가니! 통할 통 通!

사람의 말은 믿을 만해야! 믿을 신 信!

군대를 전쟁터로 옮기니! 옮길 운 運!

말뚝으로 사람을 대신하니! 대신할 대 代!

금보다 조금 못한! 은 은 銀!

네거리를 다니니! 다닐 행 行!

제각각 길을 걸어가니! 길 로 路!

낱말을 만들어 봐!
遠近, 交通, 通信, 運行, 代行,
銀行, 行路, 近代, 交信,
交代, 通行, 通路!

악당 손오공

오공이에게 아무 연락이 없네.

어! 저게 뭐지?

휙

앗, 손오공 이다!

우웅

오공아! 잠깐만!

이상하네! 나를 못 알아봐!
다다다

왠지 불안한 느낌이….
긴급 뉴스를 알려 드립니다.

도시에 이상한 악당이 나타나

도로와 통신 시설들을 파괴하고 있습니다.

고속도로가 끊어져서 버스의 운행이 멈췄습니다.

불안(不安), 도로(道路), 통신(通信), 고속도로(高速道路), 운행(運行)

특히 은행 근방의 피해가 제일 크다고 합니다.
한자의 ⻌ 부수 모양의 물건을 타고 다니는 이 악당은….
이름이 손오공이에요.
저희랑 같은 학교에 다녔어요.
행방불명이 된 스승님을 찾아 나섰는데….
손오공! 도대체 어떻게 된 거야?
현장에 가 봐야겠어!
악당이 은행을 털었다!
금괴와 은괴를 훔쳐 간다!
손오공! 어떻게 된 거야?
교통도 불통이고 통신도 불통이다.
불통 작전 끝!
어머! 불불단을 물리치겠다더니 불불단의 부하가 됐어!
不通

은행(銀行), 근방(近方), 학교(學校), 행방불명(行方不明), 현장(現場)
교통(交通), 불통(不通), 작전(作戰), 부하(部下)

월 일 확인

멀어서 가물가물! 멀 원 遠!

遠
훈 멀 음 원

辶(辵)부수
(책받침/머뭇거리며걸을착 부수)

저 글자가
무슨 자니?
遠
글쎄요.
멀어서
잘 모르겠어요.

필순에 따라 써 보세요.

총 14획
필순
멀 원

이렇게 쓰여요.

遠	大
멀 원	8급 큰 대

원대: 계획이나 희망이 크고 대단함. "세계 일주라는 원대한 꿈을 안고 배는 항구를 출발했다."

遠	洋
멀 원	3-32쪽 큰바다 양

원양: 육지에서 멀리 떨어진 바다. "원양 어선들은 한번 육지를 떠나면 몇 달씩 바다에 머물면서 고기를 잡는다."

히야!
나와라,
망원경!
보인다!
보여!
遠
멀 원!

월
일 확인

도끼는 가까운 데 두어라 ! 가까울 근 近 !

近
훈 가까울 음 근

辶(辵) 부수
(책받침/머뭇거리며걸을착 부수)

도끼(斤 도끼 근)는
늘 가까운 데
두어야 해.

필순에 따라 써 보세요.

총 8획

⺁ 厂 斤 斤 䜣 䜣 䜣 近

필순

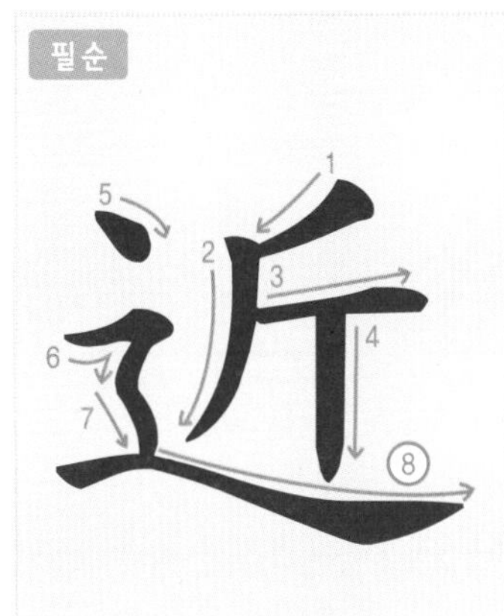
1
2
3
4
5
6
7
8

가까울 근

이렇게 쓰여요.

7급

近	海		近	海
근	해		가까울 근	바다 해

근해: 육지에서 가까운 바다. "우리 섬의 주민들은 주로 작은 배를 이용하여 근해에서 고기잡이를 한다."

7급

近	世		近	世
근	세		가까울 근	세상 세

근세: 지나간 지 얼마 안 되는 세상. 역사에서 중세와 근대의 중간 시대. "흔히 조선 시대를 근세라고 부른다."

가까울
근!
近
씨

모자 든 아비 부는! 사귈 교 交!

○월 ○일 확인

遠近交通信運代銀行路

交
훈 사귈 음 교

亠 부수 (돼지해머리/머리두 부수)

나 본 적 있지?
학교 교(校)에서
木을 빼면
사귈 교(交)가 돼.

필순에 따라 써 보세요.

총 6획

交 交 交 交 交 交

필순
사귈 교

이렇게 쓰여요.

8급

國 交 — 國(나라 국) 交(사귈 교)

국교: 나라와 나라 사이에 맺는 외교 관계. "한국과 중국은 1992년에 국교를 맺었다."

92쪽

社 交 — 社(모일 사) 交(사귈 교)

사교: 여러 사람이 모여 서로 사귐. "언니는 오늘 저녁 사교 모임에 나간다.", "그 애는 꽤 사교적이다."

삼장이랑 나랑은
사귀고 있거든.
못 믿겠어.

월 일 확인

길을 통해 걸어가니! 통할 통 通!

通
훈 통할 음 통

이 통로를 빠져
나가면 큰 길이
나올 거야.

辶(辵)부수
(책받침/머뭇거리며걸을착 부수)

필순에 따라 써 보세요.

총 11획
필순
통할 통

이렇게 쓰여요.

通	話
통할 통	말씀 화 (7급)

통화: 전화를 통해 말을 주고받음. "이런 깊은 산중에서는 통화가 불가능하다."

直	通
곧을 직 (7급)	통할 통

직통: 두 지점 사이에 아무런 막힘이 없이 바로 통함. "서울과 평양 간에 직통 전화가 개설되었다."

서로를 이어 줘!
통할 통!
끼로로, 들리니?

월 일 확인

사람의 말은 믿을 만해야! 믿을 신 信!

遠近交通信運代銀行路

信
훈 믿을 음 신

亻(人)부수 (사람인변 부수)

글쎄
'믿을 신' 자라니까?
내 말 좀 믿어 봐!
도저히 못 믿겠어.
너, 한자 시험 빵점
맞은 애잖아.

필순에 따라 써 보세요.

총 9획

필순
믿을 신

이렇게 쓰여요.

自 信

자 신

7급 自 스스로 자 / 信 믿을 신

자신: 어떤 일에 대해 자기의 능력이나 가치를 믿음. "너에게 가장 부족한 것은 바로 자신감이다."

外 信

외 신

8급 外 바깥 외 / 信 믿을 신

외신: 외국의 통신사를 통해 들어오는 소식. "그의 연구 결과에 대해 외신 기자들은 열띤 취재 경쟁을 벌였다."

믿는 마음!
믿을 신!

월 일 확인

군대를 전쟁터로 옮기니! 옮길 운 運!

運
훈 옮길 음 운

辶(辵)부수
(책받침/머뭇거리며걸을착 부수)

전쟁터로
군사 군(軍)을
옮기는 중이야.

遠近交通信運代銀行路

필순에 따라 써 보세요.

총 13획

필순
옮길 운

이렇게 쓰여요.

運動
운 동
7급
옮길 운 움직일 동

운동: 건강을 위해 몸을 움직이는 일. 어떤 목적을 위해 조직적으로 벌이는 활동. "이 병에는 운동만큼 좋은 약이 없다."

運命
운 명
7급
옮길 운 목숨 명

운명: 초인간적인 힘에 의하여 이미 정해져 있는 목숨이나 처지. "피할 수 없는 운명에 부딪혔다."

물통을 옮기는 중이야! 룰루랄라!
다다다다다다다다다다

월 일 확인

말뚝으로 사람을 대신하니! 대신할 대 代!

代
훈 대신할 음 대

亻(人)부수 (사람인변 부수)

말뚝(弋 말뚝 익)으로
사람(人)을 대신하는 건
바로 허수아비!

필순에 따라 써 보세요.

총 5획
代代代代代
필순
代
대신할 대

이렇게 쓰여요.

7급

世 代

세 대 — 세상 세 / 대신할 대

세대: 같은 시대를 사는 비슷한 연령층의 사람들. "휴대폰 사용하는 모습만 봐도 세대 차이를 느낄 수 있다."

7급

時 代

시 대 — 때 시 / 대신할 대

시대: 역사적으로 구분된 기간. 지금 있는 그 시기. "어느 시대에나 영웅은 있게 마련이다.", "이 차는 시대에 뒤떨어졌다."

代
바꿔라!
대신할 대!
윽!
어?
됐다!

월 일 확인

금보다 조금 못한! 은 은 銀!

銀
훈 은 음 은

金 부수 (쇠금 부수)

난 금(金)이야.
난 은(銀). 艮만 없으면 나도 금(金)이 될 텐데.

필순에 따라 써 보세요.

총 14획

필순
銀
은 은

이렇게 쓰여요.

銀 色 / 은 색 (7급 色 빛 색)

은색: 은의 빛깔과 비슷한 연한 회색. "큰 눈이 내리자 온 세상이 은색으로 뒤덮였다."

水 銀 / 수 은 (8급 水 물 수)

수은: 보통 온도에서 액체 상태로 있는 은백색의 금속. "수은은 온도계나 수은등을 만들 때 쓰인다."

이게 은이야?
글쎄.
금 같아!

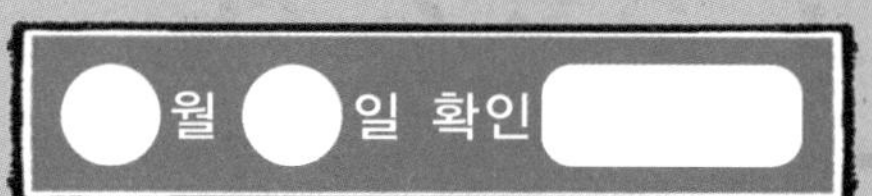
월
일 확인

네거리를 다니니! 다닐 행 行!

行
훈 다닐/항렬 음 행/항

彳부수 (다닐행 부수)

여기는 다닐 행(行)
사거리야. 行은
사거리의 모양을
본떠서 만들어졌어.

필순에 따라 써 보세요.

총 6획

필순
行
다닐 행

이렇게 쓰여요.

7급

行動
행 동 — 다닐 행 움직일 동

행동: 몸을 움직여 어떤 동작이나 일을 함. "위급한 상황일수록 침착하게 행동해야 한다."

7급

行事
행 사 — 다닐 행 일 사

행사: 계획에 따라 많은 사람들이 모여 치르는 일. "개교 50주년을 맞아 강당에서 기념 행사가 열렸다."

다녀오겠습니다.
설명을 듣고
가야지!
바둥바둥

월
일 확인

제각각 길을 걸어가니! 길 로 路!

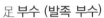

路
훈 길 음 로

나는 이 길!
나는 이 길!
나는 이 길!

足 부수 (발족 부수)

필순에 따라 써 보세요.

총 13획
필순
길 로

이렇게 쓰여요.

7급
路 面
노 면
길 로 얼굴 면

노면: 길의 표면. "밤새 내린 눈으로 노면이 몹시 미끄러웠다."

8급
大 路
대 로
큰 대 길 로

대로: 사람이나 차가 많이 다니는 넓은 길. "대로 양쪽으로는 고층 빌딩들이 하늘을 찌를 듯이 높이 서 있었다."

路
길 로!
길이 생겨라!

월
일 확인

원근

遠近

멀 원 가까울 근

遠近 遠近 遠近 遠近

원근 : 멀고 가까움. 먼 곳과 가까운 곳.

교통

交通

사귈 교 통할 통

交通 交通 交通 交通

교통 : 사람이나 탈것이 일정한 길을 따라 오고 가고 하는 일.

통신

通信

통할 통 믿을 신

通信 通信 通信 通信

통신 : 우편이나 전화, 컴퓨터 등으로 정보나 의사를 전달함.

운행

運行

옮길 운 다닐 행

運行 運行 運行 運行

운행 : 정해진 길을 따라 차량 따위를 운전하여 다님.

월
일 확인

대행

代行

대신할 대 다닐 행

代行 代行 代行 代行

대행 : 어떤 일을 남을 대신하여 행함.

은행

銀行

은 은 다닐 행

銀行 銀行 銀行 銀行

은행 : 돈을 맡거나 빌려 주는 기관.

통로

通路

통할 통 길 로

通路 通路 通路 通路

통로 : 통하여 다니는 길. 어떤 곳에서 다른 곳으로 갈 때 거쳐 가는 길.

행로

行路

다닐 행 길 로

行路 行路 行路 行路

행로 : 사람이 다니는 길. 삶을 살아가는 과정.

교대

交代

사귈 교 대신할 대

교대 : 어떤 일을 여럿이서 번갈아 가며 함.

근대

近代

가까울 근 대신할 대

근대 : 중세와 현대의 중간으로, 현대의 특징이 나타나기 시작한 시대.

신용

56쪽

信用

믿을 신 쓸 용

신용 : 남들에게 믿을 만하다고 여겨짐. 또는 그런 믿음의 정도.

일방통행

8급 7급

一方通行

한 일 모 방 통할 통 다닐 행

일방통행 : 사람이나 차를 한쪽 방향으로만 가게 하는 일.

월 일 확인

1 다음 글을 읽고, 한자로 된 낱말의 음(音)을 한글로 쓰세요.

(1) 이 산수화는 遠近의 느낌이 잘 살아 있다.

(2) 새로 이사 간 동네는 交通이 편리하다.

(3) 인터넷이 갑자기 끊어져서 通信 회사에 전화를 했다.

(4) 엄마랑 銀行에 가서 처음으로 내 통장을 만들었다.

(5) 밤 열두 시가 되면 지하철의 運行이 멈춘다.

(6) 우리 집 식구들은 交代로 설거지를 한다.

(7) 우리는 작은 배로 近海에서 고기잡이를 한다.

(8) 명절에 고향 가는 차들로 고속道路는 꽉 막혀 있었다.

(9) 위급한 상황일수록 침착하게 行動해야 한다.

(10) 그 애는 꽤 社交적이다.

2 다음 한자어(漢字語)의 독음(讀音)을 쓰세요.

(1) 遠大 ( )　(2) 近世 ( )

(3) 通話 ( )　(4) 外信 ( )

(5) 運動 ( )　(6) 時代 ( )

(7) 行事 ( )　(8) 路面 ( )

(9) 近代 ( )　(10) 銀行 ( )

월 일 확인

3 다음 한자의 훈(訓)과 음(音)을 쓰세요.

(1) 運 (　　　　　　)　(2) 通 (　　　　　　)

(3) 近 (　　　　　　)　(4) 代 (　　　　　　)

(5) 行 (　　　　　　)　(6) 信 (　　　　　　)

(7) 路 (　　　　　　)　(8) 交 (　　　　　　)

(9) 遠 (　　　　　　)　(10) 銀 (　　　　　　)

4 다음 글을 읽고, 밑줄 친 낱말을 한자로 쓰세요.

(1) 두 나라가 외교 관계를 맺은 지 올해로 백 년이 되었다.

(2) 이 편지를 읽자마자 바로 답신을 해 주세요.

(3) 소녀의 효행은 임금마저 감동시켰다.

(4) 이 편지는 행운을 가져다 준대.

(5) 도로 공사로 통행에 불편을 겪었다.

(6) 갑자기 개가 차도로 뛰어들었다.

(7) 인부들이 지면을 평평하게 고르는 중이다.

(8) 그 소년이 탐정일 줄 아무도 몰랐다.

(9) 내일이면 드디어 방학이다.

(10) 한강은 서울의 젖줄이라고 불린다.

월 일 확인

5 다음 빈칸에 들어갈 한자를 쓰세요.

(1) □ 方不明 : 어디로 갔는지 알 수가 없음.

(2) 子孫萬 □ : 오래도록 내려오는 여러 대.

(3) 一方 □ 行 : 사람이나 차를 한쪽 방향으로만 가게 하는 일.

(4) □ 行 : 돈을 맡거나 빌려 주는 기관.

6 다음 한자어(漢字語)의 뜻을 쓰세요.

(1) 大路

(2) 遠近

(3) 通話

(4) 信用

7 다음 한자와 상대 또는 반대되는 한자를 〈보기〉에서 골라 그 번호를 쓰세요.

보기 ①後 ②語 ③先 ④近 ⑤山 ⑥才

(1) 遠 ( ) (2) 海 ( )

(3) 行 ( )

월
일 확인

8 다음 물음에 대한 답을 〈보기〉에서 골라 그 번호를 쓰세요.

보기 ① 老 ② 根 ③ 幸 ④ 兄 ⑤ 道 ⑥ 術

(1) 路와 뜻이 비슷한 한자는?

(2) 行과 음이 같은 한자는?

(3) 近과 음이 같은 한자는?

9 다음 한자에서 ㉠획은 몇 번째 획일까요?

① 세 번째
② 네 번째
③ 일곱 번째
④ 여덟 번째

10 다음 한자에서 ㉠획은 몇 번째 획일까요?

① 여섯 번째
② 일곱 번째
③ 여덟 번째
④ 아홉 번째

6급 마법급수한자

주문만 외우면 한자가 쏙쏙!

공공개방성공시발언명

 여덟 명 모두 공평하게! 공평할 공 公!

 여덟 명이 모두 함께! 함께 공 共!

 빗장 풀고 문 열어라! 열 개 開!

 회초리로 쳐서 놓아 주니! 놓을 방 放!

 창으로 목표를 이루니! 이룰 성 成!

 장인이 힘써서 공을 세웠으니! 공 공 功!

 여자에서 비롯되니! 비로소 시 始!

 발을 펴서 활을 당기니! 필 발 發!

입으로 말을 하니! 말씀 언 言!

 해 떴는데 달까지 떴다! 밝을 명 明!

낱말을 만들어 봐!
公共, 開放, 成功, 始發
發言, 發明, 公開, 公言
開始, 開明!

일월광선

손오공,
아주 잘 하고
있다!

후훗! 이제
명명백백한
공공의 적이
됐어.

1단계 불통 작전
대성공이다.

이제 슬슬
2단계 작전을
시작해 볼까?

꾸욱

일월광선의 개발은
어떻게 됐나?

치직

예, 방금
끝났습니다.

기지의 문을 개방하고
광선을 쏠 준비를 해라!

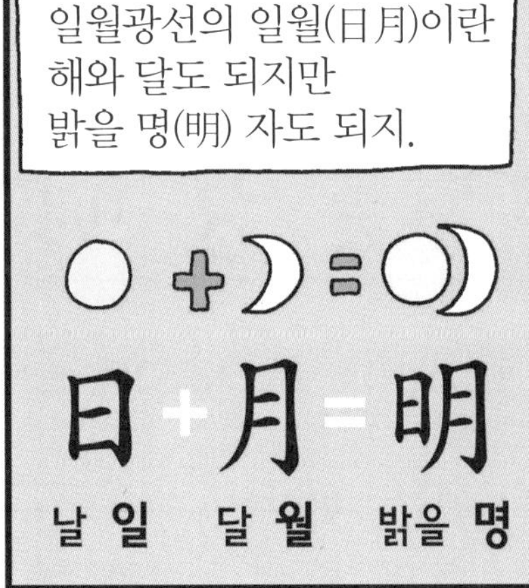

일월광선의 일월(日月)이란
해와 달도 되지만
밝을 명(明) 자도 되지.
日 + 月 = 明
날 일 달 월 밝을 명

중력의 돌을 이용해서
해와 달을 나란히 놓는다.

그런 뒤 거대한
불불 렌즈로 해와 달의
빛을 모은다.

명명백백(明明白白), 공공(公共), 일월광선(日月光線)
개발(開發), 개방(開放), 중력(重力)

이 빛을 이용해서 일월광선을 발생시킨다.

반사

렌즈만 있으면 지구 어디서나 광선을 사용할 수 있다.

우하하하! 이걸 발명한 나는 정말 천재 중의 천재야! 그렇지?

당근이죠!

작전 개시다!

예!

척

이름하여 부족 작전! 한중일 삼국을 기름 부족 상태로 빠뜨릴 테다!

不 OiL 足

그러면 도저히 우리 요구를 안 들어줄 수 없지.

이제 전설의 돌 세 개를 다 모았으니

전설의 돌의 암호만 풀면 이제 세상은 우리 것이다!

발생(發生), 지구(地球), 사용(使用), 발명(發明), 개시(開始)
한중일(韓中日), 삼국(三國), 세상(世上)

월
일 확인

여덟 명 모두 공평하게! 공평할 공 公!

公
훈 공평할 음 공

八 부수 (여덟팔 부수)

여덟〔八〕 명
모두 공평하게
피자 한 조각씩!

필순에 따라 써 보세요.

총 4획

필순
1
2
3
4
공평할 공

이렇게 쓰여요.

8급
人
공
인
공평할 공
사람 인

공인: 공적인 지위나 여러 사람에게 영향을 미치는 지위에 있는 사람. "연예인이 공인이냐 아니냐는 문제로 토론이 벌어졌다."

7급
平
공
평
공평할 공
평평할 평

공평: 어느 한쪽에 치우치지 않고 똑같음. "엄마는 과자를 공평하게 반반씩 나누어 주셨다."

공
평
하
게
딱
딱
딱
딱
모두
한 대씩!

월 일 확인

여덟 명이 모두 함께! 함께 공 共!

共
훈 함께 음 공

八 부수 (여덟팔 부수)

여덟〔八〕 명이
함께 함께 공(共)을
만들었어.

필순에 따라 써 보세요.

총 6획

필순
共
함께 공

이렇게 쓰여요.

共	有	7급
공	유	함께 공 / 있을 유

공유: 여럿이 공동으로 소유함. "교실은 모든 학생들이 공유하는 곳이다."

共	同	7급
공	동	함께 공 / 한가지 동

공동: 한 가지 일을 여럿이 같이함. "남북한이 공동으로 축구 대회를 처음 개최하였다."

우우우우우우우우웅
넷
이
함
께!

월 일 확인

빗장 풀고 문 열어라! 열 개 開!

公共開放成功始發言明

開
훈 열 음 개

門부수 (문문 부수)

빗장 풀고
문(門)을 열어
손님을 맞자!

필순에 따라 써 보세요.

총 12획

필순
開
열 개

이렇게 쓰여요.

開國 (개 국) 8급 — 열 개, 나라 국

개국: 새로 나라를 세움. 나라의 문호를 열어 다른 나라와 교류함. "1392년은 조선이 개국한 해이다."

開花 (개 화) 7급 — 열 개, 꽃 화

개화: 꽃이 핌. 문화나 예술 등이 한창 발전함. "정조 시대는 실학 사상이 개화한 시기였다."

開
열려라!
열 개!

월 일 확인

회초리로 쳐서 놓아 주니! 놓을 방 放!

放
훈 놓을 음 방

攵부수 (등글월문/칠복 부수)

회초리(攵 칠복 부수)로 맞았으니 넌 이제 석방이다.
짝 짝
넌 아직 10대 더 남았다!

필순에 따라 써 보세요.

총 8획

放 放 方 方 方 放 放 放

필순
放
1 2 3 4 5 6 7 8
놓을 방

이렇게 쓰여요.

放	心
놓을 방	마음 심 (7급)

방심: 긴장이 풀려 마음을 놓음. "잠깐 방심한 사이에 한 골을 먹을 뻔했다."

放	火
놓을 방	불 화 (8급)

방화: 일부러 불을 지름. "그 산불은 방화에 의한 것으로 밝혀졌다."

나 좀 놓아 줘!
놔! 놔!

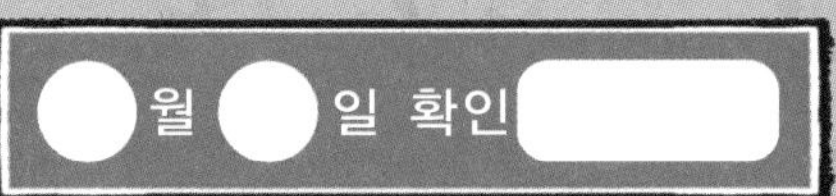
월 일 확인

창으로 목표를 이루니! 이룰 성 成!

公共開放成功始發言明

成
훈 이룰 음 성

戈부수 (창과 부수)

나, 알렉산더 대왕이
전투에서 승리할 수
있었던 것은 긴 창[戈]이
있었기 때문이다.

필순에 따라 써 보세요.

총 7획

필순
成
이룰 성

이렇게 쓰여요.

成 立 (성 립) 7급 이룰 성 설 립

성립: 일이 이루어짐. "고대 문명은 큰 강 부근에서 성립되었다."

成 長 (성 장) 8급 이룰 성 길 장

성장: 사람이나 동식물 따위가 자라서 점점 커짐. "이번 여름방학 때 나는 개구리의 성장 과정을 관찰하였다."

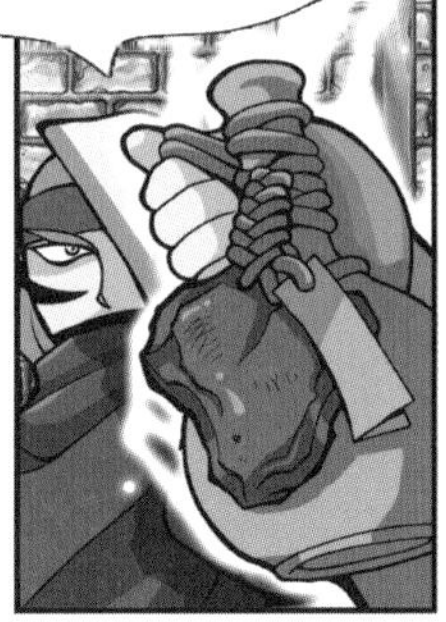
성공이다! 천자문
조각들을 다 모았어!

월 일 확인

장인이 힘써서 공을 세웠으니! 공 공 功!

功
훈 공 음 공

力부수 (힘력 부수)

이번 공사가
성공적으로 끝난 것은
장인〔工〕들이
힘〔力〕 쓴 결과다.

필순에 따라 써 보세요.

총 5획

필순
功
공 공

이렇게 쓰여요.

功	力
공	력
공 공	힘 력 (7급)

공력: 애써 들이는 정성과 힘. "이 조각은 제가 어느 것보다도 공력을 기울인 작품입니다."

功	臣
공	신
공 공	신하 신 (5급)

공신: 나라에 공을 세운 신하. "왕께서 공신들에게 벼슬과 땅을 내려 주셨다."

마법천자패를
얻은 것은
너희 모두의
공(功)이야!

월 일 확인

여자에서 비롯되니! 비로소 시 始!

始
훈 비로소 음 시

女 부수 (계집녀 부수)

여자(女)가 없었으면
네가 세상에 있었겠니?
그러니 남자는
여자에게서 비롯됐지.

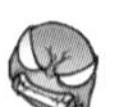

필순에 따라 써 보세요.

총 8획

필순
始
비로소 시

이렇게 쓰여요.

7급

始動 (시동): 비로소 시, 움직일 동

시동: 발전기나 전동기 등의 발동이 걸리기 시작함. "그는 자동차의 시동을 걸었다."

7급

始祖 (시조): 비로소 시, 할아비 조

시조: 나라나 성씨 등을 처음 세운 사람. 나중 것의 바탕이 된 맨 처음의 것. "신라의 시조는 박혁거세이다."

안타깝다!
시작은
좋았는데!

월 일 확인

발을 펴서 활을 당기니! 필 발 發!

發
훈 필 음 발

손으로 당겨서 안 되면 발을 써서 당긴다! 영차!

癶 부수 (필발머리/걸을발 부수)

필순에 따라 써 보세요.

총 12획

필순
필 발

이렇게 쓰여요.

7급 出 발 / 날 출 필 발

출발: 목적지를 향하여 떠남. 무엇을 새로 시작함. "지금 출발해도, 도착하려면 꼬박 한나절은 걸릴 것 같다."

8급 發 생 / 필 발 날 생

발생: 어떤 일이나 사물이 생겨남. "범인이 잡힌 것은 사건 발생 한 달 만이다."

마정석 발견!
반짝

월
일 확인

입으로 말을 하니! 말씀 언 言!

公
共
開
放
成
功
始
發
言
明

言
훈 말씀 음 언

言 부수 (말씀언 부수)

한일! 한일! 한일! 한일!

얘는 입(口)만
열면 한 일(一)밖에
몰라!

필순에 따라 써 보세요.

총 7획

필순
말씀 언

이렇게 쓰여요.

7급 名 言 — 이름 명 말씀 언

명언: 사리에 맞거나 일깨움을 주는 훌륭한 말. "'아는 것이 힘이다.'는 프랜시스 베이컨의 명언이다."

7급 言 動 — 말씀 언 움직일 동

언동: 말하는 것과 행동하는 것. "어른들 앞에서는 언동을 조심해야 한다."

그
러
니
까
사
람
은
말이
너
무
느
리
면
들
는
사
람
이

● 월 ● 일 확인

해 떴는데 달까지 떴다! 밝을 명 明!

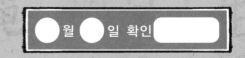

明
훈 밝을 음 명

日부수 (날일 부수)

해(日)와 달(月)이
같이 뜨니
정말 밝구나(明)!

필순에 따라 써 보세요.

총 8획

필순
明
밝을 명

이렇게 쓰여요.

自	明	7급 自	明
자	명	스스로 자	밝을 명

자명: 어떤 사실이 그 자체로 명백함. "병사들이 장수를 믿지 못하니 패배는 자명한 일이었다."

明	白	明	8급 白
명	백	밝을 명	흰 백

명백: 의심할 여지 없이 분명함. "공원에서 강아지를 잃어버린 것은 명백히 내 잘못이다."

밝아져라!
明
밝을 명!

월
일 확인

공공

公共
공평할 공 함께 공

공공 : 국가나 사회의 모든 사람에게 두루 관계되는 것.

공개

公開
공평할 공 열 개

공개 : 어떤 일을 여러 사람에게 널리 드러냄.

개방

開放
열 개 놓을 방

개방 : 자유롭게 드나들며 이용할 수 있게 함.

개발

開發
열 개 필 발

개발 : 자연 상태의 것을 더욱 쓸모 있게 만듦. 어떤 것을 연구하여 만들어 냄.

성공

成 功
이룰 성 공 공

성공 : 하고자 했던 일을 이룸.

개시

開 始
열 개 비로소 시

개시 : 어떤 일이나 행동을 시작함.

발언

發 言
필 발 말씀 언

발언 : 공식적인 자리에서 자신의 의견을 말함. 또는 그 말.

발명

發 明
필 발 밝을 명

발명 : 이제까지 없었던 기계나 물건을 처음으로 생각하거나 만들어 냄.

6급 마법급수한자 낱말 깨치기

월
일 확인

작성

1-73쪽

作成

지을 작 이룰 성

作成 作成 作成 作成

작성 : 서류, 원고, 계획 따위를 만듦.

시작

1-73쪽

始作

비로소 시 지을 작

始作 始作 始作 始作

시작 : 어떤 일의 처음 단계를 이룸. 혹은 그 단계.

공용

56쪽

共用

함께 공 쓸 용

共用 共用 共用 共用

공용 : 어떤 것을 공동으로 사용함.

언행

18쪽

言行

말씀 언 다닐 행

言行 言行 言行 言行

언행 : 말과 행동.

월 일 확인

1 다음 글을 읽고, 한자로 된 낱말의 음(音)을 한글로 쓰세요.

(1) 公共의 이익을 생각해서 모두 한 발짝씩 양보합시다.

(2) 이 놀이공원은 어린이날에 무료로 開放된다.

(3) 실패는 成功의 어머니이다.

(4) 공격을 開始하라는 명령이 떨어졌다.

(5) 發言을 할 사람은 먼저 손을 들어 주세요.

(6) 우리나라는 세계 최초로 금속활자를 發明했다.

(7) 그 제품은 두 회사가 공동으로 開發한 것이다.

(8) 필요한 서류를 作成해서 선생님께 제출하세요.

(9) 그 산불은 放火에 의한 것으로 밝혀졌다.

(10) 드디어 숨겨져 왔던 사건의 진실이 公開되었다.

2 다음 한자어(漢字語)의 독음(讀音)을 쓰세요.

(1) 公平 ( ) (2) 共有 ( )

(3) 放心 ( ) (4) 成長 ( )

(5) 功力 ( ) (6) 始祖 ( )

(7) 出發 ( ) (8) 自明 ( )

(9) 名言 ( ) (10) 開花 ( )

월 일 확인

3 다음 한자의 훈(訓)과 음(音)을 쓰세요.

(1) 共 (　　　　　)　(2) 公 (　　　　　)

(3) 發 (　　　　　)　(4) 始 (　　　　　)

(5) 開 (　　　　　)　(6) 成 (　　　　　)

(7) 放 (　　　　　)　(8) 言 (　　　　　)

(9) 功 (　　　　　)　(10) 明 (　　　　　)

4 다음 글을 읽고, 밑줄 친 낱말을 한자로 쓰세요.

(1) 법관은 부자나 가난한 사람 모두에게 공정한 판결을 내려야 한다.

(2) 개학이 가까워지자 슬며시 숙제가 걱정되었다.

(3) 선생님께서는 인재 육성을 위해 평생을 바치셨습니다.

(4) 화재가 발생했다는 신고를 받고 소방차가 출동했다.

(5) 공동 화장실을 깨끗이 이용하자.

(6) 올해는 배추 농사가 풍년이다.

(7) 우리나라는 민주 국가이다.

(8) 할아버지께서는 정직을 생명처럼 여기며 살아 오셨다.

(9) 나는 외가 쪽으로 친척들이 많다.

(10) 오늘 밤 남부 지방에 큰비가 내리겠습니다.

월 일 확인

5 다음 빈칸에 들어갈 한자를 쓰세요.

(1) □□白白 : 의심할 여지 없이 아주 분명함.

(2) 百□百中 : 쏘면 쏘는 대로 다 맞음.

(3) □作 : 어떤 일의 처음 단계를 이룸.

(4) □國 : 새로 나라를 세움.

6 다음 한자어(漢字語)의 뜻을 쓰세요.

(1) 共用

(2) 言行

(3) 始動

(4) 共同

7 다음 한자와 상대 또는 반대되는 한자를 〈보기〉에서 골라 그 번호를 쓰세요.

보기 ① 地 ② 言 ③ 動 ④ 力 ⑤ 入 ⑥ 攻

(1) 天 ( ) (2) 行 ( )

(3) 出 ( )

월
일 확인

8 다음 물음에 대한 답을 〈보기〉에서 골라 그 번호를 쓰세요.

보기 ① 語 ② 金 ③ 時 ④ 音 ⑤ 姓 ⑥ 作

(1) 言과 뜻이 비슷한 한자는?

(2) 始와 음이 같은 한자는?

(3) 成과 음이 같은 한자는?

9 다음 한자에서 ㉠획은 몇 번째 획일까요?

㉠

① 첫 번째
② 두 번째
③ 세 번째
④ 네 번째

10 다음 한자에서 ㉠획은 몇 번째 획일까요?

㉠

① 세 번째
② 네 번째
③ 다섯 번째
④ 여섯 번째

잠깐만!

사자성어 1

8급부터 6급까지 한자로 된 사자성어(四字成語)들을 모았습니다.
한자로 된 낱말 중에는 이처럼 네 글자 낱말이 많아요.

各人各色

각인각색 사람마다 각기 다름.

公明正大

공명정대 일이나 태도가 아주 바르고 떳떳함.

九死一生

구사일생 아홉 번 죽을 뻔하다 겨우 살아남.

男女有別

남녀유별 남자와 여자 사이에는 분별이 있어야 함.

代代孫孫

대대손손 오래도록 내려오는 자손의 여러 대. 子子孫孫.

大明天地

대명천지 아주 환하게 밝은 세상. 靑天白日.

同苦同樂

동고동락 괴로움도 즐거움도 함께함.

東問西答

동문서답 물음과는 전혀 상관 없는 엉뚱한 대답.

東西古今

동서고금 동양과 서양, 옛날과 오늘날.

同時多發

동시다발 동시에 많이 발생함.

잠깐만!

사자성어 1

8급부터 6급까지 한자로 된 사자성어(四字成語)들을 모았습니다.
한자로 된 낱말 중에는 이처럼 네 글자 낱말이 많아요.

明明白白 明明白白 明明白白

명명백백 의심할 여지 없이 아주 분명함.

門前成市 門前成市 門前成市

문전성시 문 앞이 시장을 이룰 만큼 사람들이 몰려듦.

百年大計 百年大計 百年大計

백년대계 먼 앞날을 내다보고 세우는 큰 계획.

白面書生 白面書生 白面書生

백면서생 글만 읽어 세상일에 경험이 없는 사람.

百發百中 百發百中 百發百中

백발백중 쏘면 쏘는 대로 다 맞음.

白衣民族 白衣民族 白衣民族

백의민족 흰옷을 입은 민족. 우리 민족.

百戰百勝 百戰百勝 百戰百勝

백전백승 백 번 싸워 백 번 다 이김.

不老長生 不老長生 不老長生

불로장생 늙지 않고 아주 오래 삶.

不遠千里 不遠千里 不遠千里

불원천리 천 리 길도 멀다고 여기지 않음.

四方八方 四方八方 四方八方

사방팔방 여기저기 모든 방향이나 방면.

주문만 외우면 한자가 쏙쏙!

6급 마법급수한자

태양사이용이유석주유

큰 대 아래에 점 찍어! 클 태 太!

언덕 위로 볕이 드니! 볕 양 陽!

사람이 관리를 부리니! 부릴 사 使!

벼를 베는 칼은 이로워서! 이로울 리 利!

책꽂이를 유용하게 쓰니! 쓸 용 用!

임금이 마을을 다스리니! 다스릴 리 理!

밭에서 말미암은! 말미암을 유 由!

언덕 아래에 돌이 있네! 돌 석 石!

주인 주에 물 부으니! 부을 주 注!

밭에서 기름이 나오니! 기름 유 油!

낱말을 만들어 봐!
太陽, 使用, 利用
理由, 石油, 注油!

불불단의 공격

손오공을
데려와라!
예!

손오공, 그림 속에서
고생이 많다!
네가 바로 불불단의
두목이었다니!

하긴 그래.
누가 나처럼
잘생긴 소년을
불불단
두목이라고
생각하겠어!
이제부터 아주
신나는 장면을
보여 주마.
화면을
켜라!

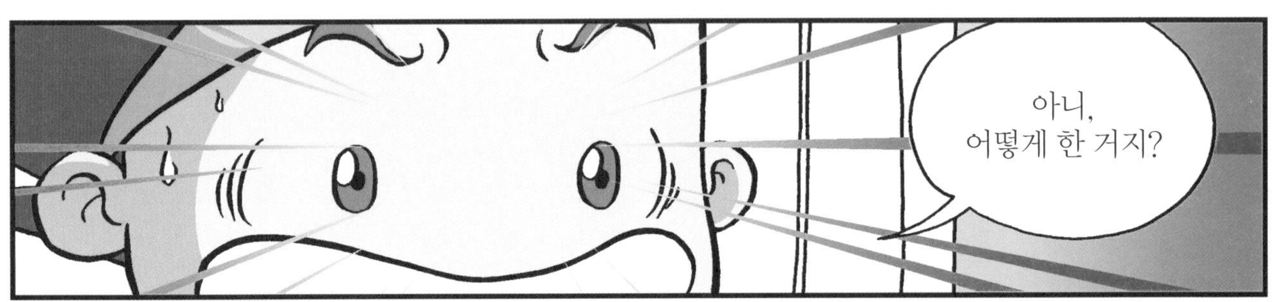
아니,
어떻게 한 거지?

손오공, 너는 어리석게도
나의 꾀임에 빠져 그림 속에
갇히고 말았지.
우와악

우리는 그림을 복사해서
가짜 손오공들을 만들어
냈다.
지이잉

저 손오공들은 우리가
자유자재로 조종할 수 있지.

고생(苦生), 두목(頭目), 장면(場面), 화면(畫面), 자유자재(自由自在)

여기서 나가기만 하면 가만 안 두겠어!
흠! 기대가 되는군! 하지만 아직은 아냐!
잘 봐라! 저기는 한국의 주유소이다.
天 주유소
손오공! 일월광선의 힘을 보여 줘!
안 돼!
저건 일본의 유조선!
JAPAN OIL
이유? 그건 잠시 후면 알 수 있지.
도대체 이러는 이유가 뭐야?
이건 연습일 뿐이야.
다음 목표는 중국의 유전이다.

한국(韓國), 주유소(注油所), 일본(日本), 중국(中國), 유전(油田), 이유(理由)

월 일 확인

큰 대 아래에 점 찍어! 클 태 太!

太 陽 使 利 用 理 由 石 注 油

太
훈 클 음 태

大부수 (큰대 부수)

큰 대(大) 전법으로 막으면 클 태(太) 전법으로 넣는다. 바로 이렇게!

필순에 따라 써 보세요.

총 4획

一 ナ 大 太

필순
太
클 태

이렇게 쓰여요.

7급

太 祖 — 태 조 (클 태, 할아비 조)

태조: 한 왕조를 세운 첫 번째 임금에게 붙이던 이름. "고려를 세운 것은 태조 왕건, 조선을 세운 것은 태조 이성계이다."

7급

太 平 — 태 평 (클 태, 평평할 평)

태평: 나라에 아무 근심이 없이 평안함. 마음에 아무 걱정이 없음. "언제나 태평인 것은 그의 타고난 성격 때문이다."

더욱 커져라!
부우우웅
太
클 태!

○월 ○일 확인

언덕 위로 볕이 드니! 볕 양 陽!

陽
훈 볕 음 양

阝(阜)부수 (좌부방/언덕부 부수)

언덕 위로 해가 떴어!
阝가 글자 왼쪽에 있을 때는
'언덕' 이라는 뜻이 돼.

필순에 따라 써 보세요.

총 12획
필순
陽
볕 양

이렇게 쓰여요.

陽地 (양 지) — 7급 地 (볕 양 땅 지)

양지: 볕이 바로 드는 곳. 혜택을 받는 입장을 비유적으로 이르는 말. "양지에는 눈이 녹았다."

漢陽 (한 양) — 7급 漢 (한나라 한 볕 양)

한양: 서울의 옛 이름. "태조 이성계는 조선을 건국한 뒤 도읍을 개경(개성)에서 한양으로 옮겼다."

양지바른 곳에
부두목을 묻어 줬어.

월 일 확인

사람이 관리를 부리니! 부릴 사 使!

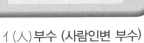

使
훈 부릴 음 사

亻(人)부수 (사람인변 부수)

난 새로 온 사또다.
저희는 이 고을의 관리(吏 아전 리)들 입니다. 명령만 내리십시오.

필순에 따라 써 보세요.

총 8획

필순
使
부릴 사

이렇게 쓰여요.

使命 (사명) — 7급 命: 부릴 사, 목숨 명

사명: 맡겨진 임무. "통일은 우리 세대에게 주어진 역사적 사명이다."

天使 (천사) — 7급 天: 하늘 천, 부릴 사

천사: 신과 인간 사이에서 신의 명령을 수행하는 사자(使者). "나이팅게일은 백의(白衣)의 천사라고 불렸다."

시키는 대로 해!
부릴 사!
使
어?

월 일 확인

벼를 베는 칼은 이로워서! 이로울 리 利!

利
훈 이로울 음 리

刂(刀)부수 (선칼도방/칼도 부수)

나는 벼 베는
칼잡이다.
칼(刂(刀) 칼 도)도
벼를 베는 데 사용하면
이로운 법이지.

필순에 따라 써 보세요.

총 7획

利 利 利 利 利 利 利

필순
利
이로울 리

이렇게 쓰여요.

有 利 (7급)

유 리 — 있을 유 이로울 리

유리: 이롭거나 도움이 됨. "이번 홈페이지 만들기 과제는 컴퓨터를 잘하는 영호가 있는 우리 조가 제일 유리하다."

不 利 (7급)

불 리 — 아닐 불 이로울 리

불리: 조건이나 입장이 좋지 않음. "모든 면에서 우리가 불리하지만 그래도 해 볼 만한 경기이다."

글썽
손오공!
그러니까 나는
토생원에게
이용당한 거야.

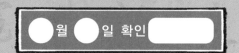

○월 ○일 확인

책꽂이를 유용하게 쓰니! 쓸 용 用!

쓸 용(用)을 써서 책을 모두 정리했어. 역시 쓸 용(用)은 쓸 데가 많지?

用

훈 쓸 음 용

 부수 (쓸용 부수)

필순에 따라 써 보세요.

총 5획

丿 冂 月 月 用

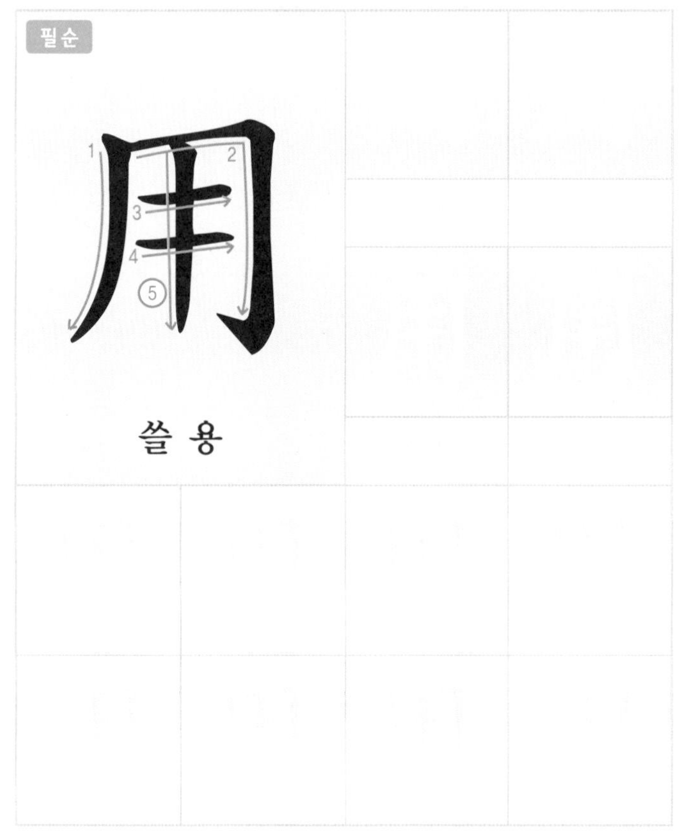

필순
쓸 용

이렇게 쓰여요.

活 活 用
활 용
7급 活 살 활 / 用 쓸 용

활용: 충분히 잘 이용함. "요즘은 숙제를 할 때 인터넷을 많이 활용한다."

登 登 用
등 용
7급 登 오를 등 / 用 쓸 용

등용: 인재를 뽑아 씀. "왕은 신분보다는 능력을 중시해서 인재를 등용하였다."

마법천자패는 어디에 쓰는 걸까?
휙

월 일 확인

임금이 마을을 다스리니! 다스릴 리 理!

理
훈 다스릴 음 리

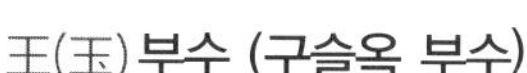
王(玉) 부수 (구슬옥 부수)

이 마을(里)은
내가 직접
다스리겠다!

필순에 따라 써 보세요.

총 11획
필순
理
다스릴 리

이렇게 쓰여요.

地理
지 리

7급 地 땅 지 / 理 다스릴 리

지리 : 어떤 곳의 지형이나 길 따위의 형편. 지구 상의 기후, 생물, 자연, 도시, 교통, 산업 따위의 상태. "나는 지리에 어두운 편이다."

道理
도 리

7급 道 길 도 / 理 다스릴 리

도리 : 사람이 마땅히 행하거나 지켜야 할 바른길. "부모님을 모시는 것은 자식의 마땅한 도리이다."

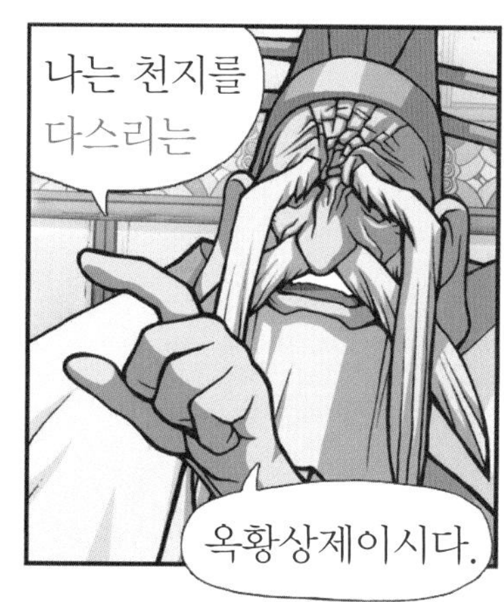
나는 천지를
다스리는
옥황상제이시다.

월 일 확인

밭에서 말미암은! 말미암을 유 由!

太陽使利用理由石注油

由
훈 말미암을 음 유

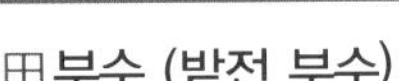
田부수 (밭전 부수)

밭(田 밭 전)에
싹이 났으니,
싹은 밭에서
말미암은 것이지.

필순에 따라 써 보세요.

총 5획
필순
由
말미암을 유

이렇게 쓰여요.

由 來 (7급)
유 래 — 말미암을 유 올 래

유래: 어떤 사물이 생겨난 내력. "마라톤의 유래에 대해서 인터넷 검색을 했다."

事 (7급) 由
사 유 — 일 사 말미암을 유

사유: 어떤 일이 그렇게 된 까닭. "사유를 말씀드리자 선생님께서도 고개를 끄덕이셨다."

그러니까
토생원!
우리를 속인
이유가 뭐야?

월 일 확인

언덕 아래에 돌이 있네! 돌 석 石!

石
훈 돌 음 석

石 부수 (돌석 부수)

언덕 아래
쓸 만한 돌이 있네!

필순에 따라 써 보세요.

총 5획

필순
1
2
3
4
5
돌 석

이렇게 쓰여요.

7급

石 工
석 공

돌 석 / 장인 공

석공: 석수. 돌을 다루어 물건을 만드는 사람. "돌로 지은 이 건축물에는 석공들의 정성스런 손길이 느껴진다."

8급

金 石
금 석

쇠 금 / 돌 석

금석: 쇠붙이와 돌. 또는 매우 굳고 단단한 것. "두 사람의 우정은 금석같이 굳고, 변함이 없었다."

나와라!
돌 석!
石

월 일 확인

주인 주에 물 부으니! 부을 주 注!

注
훈 부을 음 주

氵(水)부수 (삼수변/물수 부수)

주인 주(主)에
물[水]을 부으니
부을 주(注)가 됐어!

필순에 따라 써 보세요.

총 8획

필순
부을 주

이렇게 쓰여요.

7급
入 入
주 입 부을 주 들 입

주입: 액체를 어떤 곳에 집어넣음. 암기 위주로 지식을 넣어 줌. "주입식 교육은 공부에 흥미를 잃게 한다."

7급
文 文
주 문 부을 주 글월 문

주문: 물건을 사기 위해 청함. 다른 사람에게 어떤 일을 해 달라고 요구함. "인터넷에 가게를 열자마자 주문이 밀려들었다."

물 붓기
공격이다!
으악!
항복!

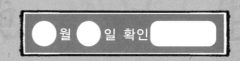

월 일 확인

밭에서 기름이 나오니! 기름 유 油!

油
훈 기름 음 유

氵(水)부수 (삼수변/물수 부수)

밭에서 석유가 나와!
야호! 유전을 찾았어요!

필순에 따라 써 보세요.

총 8획

필순
기름 유

이렇게 쓰여요.

7급

重 油
중 유 / 무거울 중 기름 유

중유: 원유를 정제하여 얻는 흑갈색의 걸쭉한 기름. "디젤 자동차나 화력 발전소에는 중유가 쓰인다."

4급

油 田
유 전 / 기름 유 밭 전

유전: 석유를 파내는 곳. "중동 지역의 유전은 잦은 전쟁의 원인이 되기도 한다."

미끌미끌!
기름 유!

월
일 확인

태양

太陽

클 태 별 양

태양 : 태양계의 중심이 되는 별.

사용

使用

부릴 사 쓸 용

사용 : 물건을 필요한 일에 씀.

이용

利用

이로울 리 쓸 용

이용 : 필요에 따라 이롭게 씀.

이유

理由

다스릴 리 말미암을 유

이유 : 어떤 일이 일어나게 된 사정.

월
일 확인

석유

石油

돌 석 기름 유

석유 : 땅에서 나는, 불에 잘 타는 기름.

주유

注油

부을 주 기름 유

주유 : 자동차 등에 기름을 넣음.

정석

72쪽

定石

정할 정 돌 석

정석 : 어떤 일을 함에 있어서 원칙이라고 할 수 있는 방식.

특사

74쪽

特使

특별할 특 부릴 사

특사 : 특별한 임무를 띠고 파견하는 외교 사절.

월
일 확인

고리

3-12쪽

高利

높을 고 이로울 리

高利 高利 高利 高利

고리 : 돈을 빌려 준 대가로 받는 비싼 이자.

합리

3-16쪽

合理

합할 합 다스릴 리

合理 合理 合理 合理

합리 : 이론이나 이치에 맞음.

태고

3-72쪽

太古

클 태 옛 고

太古 太古 太古 太古

태고 : 아주 오랜 옛날.

자유자재

7급 7급 77쪽

自由自在

스스로 자 말미암을 유 스스로 자 있을 재

自由 自在 自由自在

자유자재 : 거침없이 자기 마음대로 할 수 있음.

월 일 확인

1 다음 글을 읽고, 한자로 된 낱말의 음(音)을 한글로 쓰세요.

(1) 지구는 太陽의 주위를 일 년에 한 바퀴씩 돈다.

(2) 망치는 못을 박는 데 使用된다.

(3) 도르래를 利用하면 무거운 것을 쉽게 들어올릴 수 있다.

(4) 너는 무슨 理由가 그렇게도 많니?

(5) 石油를 검은 황금이라고도 부른다.

(6) 注油 중에는 자동차 엔진을 끄는 게 좋다.

(7) 모든 면에서 우리가 不利하지만 최선을 다하자.

(8) 그 친구는 유별나게 地理에 어둡다.

(9) 삼촌은 새로운 상품의 注文이 밀려들어 행복한 비명을 질렀다.

(10) 조선을 세운 것은 太祖 이성계이다.

2 다음 한자어(漢字語)의 독음(讀音)을 쓰세요.

(1) 太平 ( )
(2) 陽地 ( )
(3) 使命 ( )
(4) 有利 ( )
(5) 登用 ( )
(6) 由來 ( )
(7) 注文 ( )
(8) 食用油 ( )
(9) 注入 ( )
(10) 活用 ( )

월 일 확인

3 다음 한자의 훈(訓)과 음(音)을 쓰세요.

(1) 用 (　　　　　　　)　(2) 陽 (　　　　　　　)

(3) 理 (　　　　　　　)　(4) 利 (　　　　　　　)

(5) 由 (　　　　　　　)　(6) 油 (　　　　　　　)

(7) 注 (　　　　　　　)　(8) 使 (　　　　　　　)

(9) 太 (　　　　　　　)　(10) 石 (　　　　　　　)

4 다음 글을 읽고, 밑줄 친 낱말을 한자로 쓰세요.

(1) 석양에 붉게 물든 하늘이 너무나도 아름다웠다.

(2) 사람들은 점점 더 편리한 것만 찾는다.

(3) 인터넷을 활용해서 숙제를 했다.

(4) 무뚝뚝한 사람을 보고 목석 같다고 한다.

(5) 이곳 지리에 밝은 사람이 있어서 여행이 한결 편했다.

(6) 이 궁궐 공사에는 전국에서 제일가는 목수들이 참여했다.

(7) 하교 길에 친구 집에 들렀다.

(8) 축제를 구경하려고 전국에서 사람들이 모여들었다.

(9) 엄마 심부름으로 시장에서 반찬거리를 사 왔다.

(10) 이순신 장군이 있는 한 조선의 해군은 누구도 당해 낼 수 없었다.

5 다음 빈칸에 들어갈 한자를 쓰세요.

(1) □ 平天國 : 근심 걱정이 없는 이상적인 국가.

(2) 自 □ 自在 : 거침없이 자기 마음대로 할 수 있음.

(3) 利 □ : 필요에 따라 이롭게 씀.

(4) 漢 □ : 서울의 옛 이름.

6 다음 한자어(漢字語)의 뜻을 쓰세요.

(1) 高利

(2) 注油

(3) 道理

(4) 石工

7 다음 한자와 상대 또는 반대되는 한자를 <보기>에서 골라 그 번호를 쓰세요.

보기 ① 左 ② 弟 ③ 先 ④ 光 ⑤ 下 ⑥ 內

(1) 上 (　　　　) (2) 後 (　　　　)

(3) 外 (　　　　)

월
일 확인

8 다음 물음에 맞는 답을 〈보기〉에서 골라 그 번호를 쓰세요.

보기 ① 場 ② 天 ③ 大 ④ 小 ⑤ 有 ⑥ 洋

(1) 太와 뜻이 비슷한 한자는?

(2) 陽과 음이 같은 한자는?

(3) 油와 음이 같은 한자는?

9 다음 한자에서 ㉠획은 몇 번째 획일까요?

㉠

① 다섯 번째
② 여섯 번째
③ 일곱 번째
④ 여덟 번째

10 다음 한자에서 ㉠획은 몇 번째 획일까요?

㉠

① 다섯 번째
② 여섯 번째
③ 일곱 번째
④ 여덟 번째

주문만 외우면 한자가 쏙쏙!

6급 마법급수한자

정례특별구재경군부족

지붕 아래 머물 곳을 정하니!	정할	정	定!
사람이 열을 서니!	법식	례	例!
절에 소가 보이니 특별해서!	특별할	특	特!
칼로 뼈와 살을 나누니!	나눌	별	別!
 물건을 구분해서 구역 안에!	구역	구	區!
흙 토가 있으니!	있을	재	在!
 누각이 높으니 서울이다!	서울	경	京!
 군주가 고을을 다스리니!	고을	군	郡!
고을을 부분 부분 거느리니!	거느릴	부	部!
활 잘 쏘는 우리 겨레!	겨레	족	族!

낱말을 만들어 봐!
定例, 特例, 特別
區別, 在京, 部族, 特定!

한자를 없애라!

뉴스를
알려 드립니다.
오늘 오전 불불단의
앞잡이 손오공이
중국 북부의 유전을
공격했습니다.
손오공의 습격
GSP

군인들이
지켰지만 소용이
없었다고 합니다.
콰광
따콩 따콩

광선의 힘이 워낙
강력했어요.
손오공!
너무 무서워요!

지금 북경에서는 손오공과
불불단을 막기 위한 한중일
합동 회의가 열리고 있습니다.
한 중 일 합동회의

또 국회에서도 서울특별
시장이 출석한 가운데 긴급
회의가 열리고 있습니다.
기자를 불러
보겠습니다.

손오공을
어떻게 막을
생각이시죠?
글쎄요.

무슨 대책이
있습니까?
우선 시민들을
대피시켜야죠.
NBC

치지직
어라?
어? TV가….

북부(北部), 군인(軍人), 소용(所用), 강력(強力), 합동(合同)
국회(國會), 특별시장(特別市長), 기자(記者), 시민(市民)

파
우리는 불불단이다.
G5P
한국,
중국, 일본
이 세 나라는
지금부터 내가
하는 얘기를
잘 들어라!
우리의 두 가지
요구를 듣지
않으면 한국과
중국, 일본의
주요 도시들을
공격하겠다.
우리의
요구는….
요구?
뭘까?
첫째! 아닐 불(不) 자가 붙는 말만
남겨 두고 모든 한자를 없애라!
척
불효, 부정직, 불평, 부족,
불행, 불신, 불운, 불화만
남겨 두고 모두 없애라!
둘째! 앞으로
한자급수시험에는
불(不) 자가 붙는
낱말만 출제해라!
뭐라고?

한자(漢字), 불효(不孝), 부정직(不正直), 불평(不平), 부족(不足), 불행(不幸)
불신(不信), 불운(不運), 불화(不和), 급수(級數), 출제(出題)

월 일 확인

지붕 아래 머물 곳을 정하니! 정할 정 定!

定
훈 정할 음 정

宀 부수 (갓머리/집면 부수)

오늘 밤 묵을 곳을
여기로 정했다.
아! 정처 없는
나그네 신세여!

필순에 따라 써 보세요.

총 8획
필순
정할 정

이렇게 쓰여요.

定	時
정할 정	때 시 (7급)

정시: 정해진 시각. "그는 정시에 약속 장소에 나타났다."

一	定
한 일 (8급)	정할 정

일정: 어떤 것의 크기, 모양, 범위 등이 하나로 정해져 있음. "이 쿠폰은 일정 기간이 지나면 사용할 수가 없다."

이미 정해진
사람의 목숨은
함부로
바꿀 수가 없다!

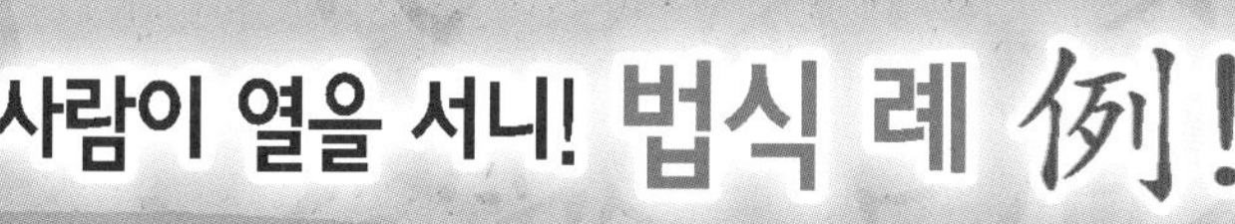

사람이 열을 서니! 법식 례 例!

例
훈 법식 음 례

亻(人)부수 (사람인변 부수)

선물을 받아 가실
분들은 이제까지의
예(例)와 마찬가지로
한 분씩 줄(列 줄 렬)을
서세요!

필순에 따라 써 보세요.

총 8획

필순
例
법식 례

이렇게 쓰여요.

事 例
사 례
7급 事 例
일 사 법식 례

사례 : 어떤 일이 전에 실제로 일어난 예. "구체적인 사례를 들어 설명해 주니 이해하기가 훨씬 쉬웠다."

例 文
예 문
例 7급 文
법식 례 글월 문

예문 : 설명에 도움이 되도록 예로 드는 문장. "낱말은 예문과 함께 익혀야 쉽게 익힐 수 있다."

이제껏
지옥에 걸어
들어왔다가
살아서 나간
예가 없다!

월 일 확인

절에 소가 보이니 특별해서! 특별할 특 特!

定例特別區在京郡部族

特
훈 특별할 음 특

牛 부수 (소우 부수)

절에 웬
소(牛 소 우)가
있죠?
그래서
이 절(寺 절 사)은
특별한 절이란다.

필순에 따라 써 보세요.

총 10획

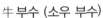

필순
특별할 특

이렇게 쓰여요.

7급 特出 특출 (특별할 특, 날 출)

특출: 남보다 특별히 뛰어남. "그는 어려서부터 음악에 특출한 재능을 보였다."

7급 特色 특색 (특별할 특, 빛 색)

특색: 보통의 것과 비교하여 특별히 다른 점. "잘 관찰해 보면 들풀 하나에도 저마다의 특색이 있다."

특별
선물이다.
구름을 잡는
부적이다.

월 일 확인

칼로 뼈와 살을 나누니! 나눌 별 別!

別
훈 나눌/다를 음 별

刂(刀)부수 (선칼도방/칼도 부수)

칼로 고기를
발라 냈어. 뼈는
저쪽, 고기는 이쪽!

필순에 따라 써 보세요.

총 7획

필순
나눌 별

이렇게 쓰여요.

別 名 (별 명) — 7급 다를 별, 이름 명

별명: 본래 이름 외에 그 사람의 성격이나 생김새에 따라 남들이 지어 부르는 이름. "나는 '굼벵이'라는 별명이 정말 싫어."

別 世 (별 세) — 7급 나눌 별, 세상 세

별세: 윗사람이 세상을 떠남. "할아버지께서 별세하셨다는 전화가 왔어."

문 문! 물을 문!
들을 문!
구별이 안 돼!

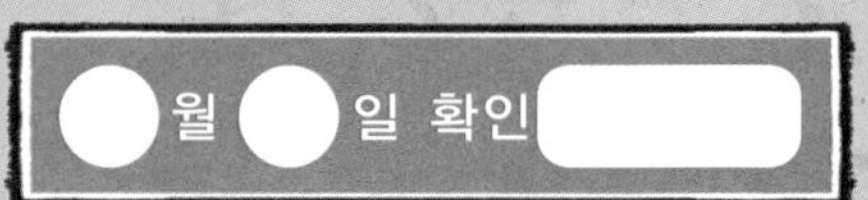
월 일 확인

물건을 구분해서 구역 안에! 구역 구 區!

區
훈 구역 음 구

물건 품(品) 자를
색깔로 구분했어.
빨간 구역엔
빨간색 품(品) 자를
파란 구역엔
파란색 품(品) 자를!
品
品

匚 부수 (터진에운담/감출혜 부수)

필순에 따라 써 보세요.

총 11획

필순
區
구역 구

이렇게 쓰여요.

區間 (7급)
구 간 — 구역 구 / 사이 간

구간: 어떤 지점과 다른 지점과의 사이. "서울에서 런던까지 구간은 비행기가 하루에 한 번 있습니다."

地區 (7급)
지 구 — 땅 지 / 구역 구

지구: 어떤 목적을 가지고 기준에 따라 나누거나 구별해 놓은 지역. "이번에 우리 동네가 재개발 지구로 지정되었다."

크아아아아아
썩
나가라!
여긴 우리
구역이다!

월 일 확인

흙 토가 있으니! 있을 재 在!

在
훈 있을 음 재

土부수 (흙토 부수)

있어!
여기
흙 토(土)가
있어!

필순에 따라 써 보세요.

총 6획

필순
在
있을 재

이렇게 쓰여요.

現 在
현 재

現 (1-75쪽) 나타날 현 / 在 있을 재

현재: 바로 지금의 때. "그는 현재 미국에 있다.", "점수가 현재 몇 대 몇이지?"

在 學
재 학

在 있을 재 / 學 (8급) 배울 학

재학: 학교에 다니고 있음. "나는 대한 초등학교 3학년에 재학 중입니다."

여의필은 이곳에 있습니다.
答
손오공 님 바로 뒤에 있습니다.

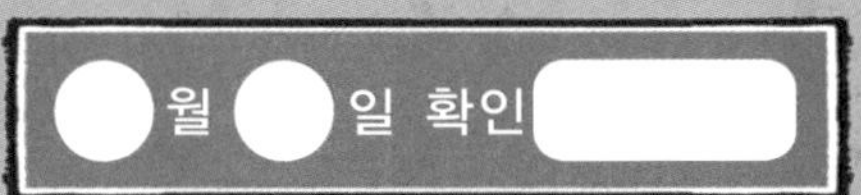
월 일 확인

누각이 높으니 서울이다! 서울 경 京!

京
훈 서울 음 경

亠 부수 (돼지해머리/머리두 부수)

서울의 누각이
높긴 높구나!
京은 높은 누각의
모양을 본뜬 글자야.

필순에 따라 써 보세요.

총 8획

필순
京
서울 경

이렇게 쓰여요.

8급

北 (북) 北 (경) — 북녘 북, 서울 경

북경: 중국의 수도. '베이징'을 우리 한자음으로 읽은 말. "북경은 원나라 때 처음 중국의 수도가 되었다."

8급

東 (동) 東 (경) — 동녘 동, 서울 경

동경: 일본의 수도. '도쿄'를 우리 한자음으로 읽은 말. "서울과 동경은 둘 다 인구 천만이 넘는 대도시이다."

문이 이렇게
높은 것을 보니
서울 경(京) 자가
생각나는구나.

월 일 확인

군주가 고을을 다스리니! 고을 군 郡!

郡
훈 고을 음 군

나는 이 나라의
군주(君主)다!
당연히 이 고을도
내가 다스리지.

阝(邑)부수 (우부방/고을읍 부수)

필순에 따라 써 보세요.

총 10획

필순
郡
고을 군

이렇게 쓰여요.

郡守 (4급)
군 수 / 고을 군 지킬 수

군수: 군(郡)의 행정을 맡아 보는 우두머리. "우리 군은 이번 지방 선거에서 새로운 군수를 뽑았다."

郡內 (7급)
군 내 / 고을 군 안 내

군내: 군(郡)의 구역 안. 고을 안. "우리 군내에는 아직 대학교가 없다."

阝가 왼쪽에 있으면
'언덕'을 뜻하고
오른쪽에 있으면
'고을'을 뜻해.

월 일 확인

고을을 부분 부분 거느리니! 거느릴 부 部!

部
훈 거느릴/떼 음 부

阝(邑)부수 (우부방/고을읍 부수)

고을을 네 부분으로
나누어 다스리기로
했어.

필순에 따라 써 보세요.

총 11획

필순
部
거느릴 부

이렇게 쓰여요.

全 部
전 부
7급 온전 전 / 거느릴 부

전부: 하나도 빠짐없이. 어떤 것을 이루는 낱낱을 모두 합친 것. "너는 나의 전부나 다름없단다."

部 下
부 하
거느릴 부 / 7급 아래 하

부하: 남의 아래에서 명령을 받아 움직이는 사람. "그는 부하를 자기의 몸처럼 소중히 여기는 훌륭한 장교였다."

우리는
모두
혼세마왕의
부하들이다!

월 일 확인

활 잘 쏘는 우리 겨레! 겨레 족 族!

族
훈 겨레 음 족

우리 민족은 예로부터 활 잘 쏘는 것으로 유명했지.
族 속의 矢(화살 시)는 화살을 뜻해!

方부수 (모방 부수)

필순에 따라 써 보세요.

총 11획
필순
族
겨레 족

이렇게 쓰여요.

家	族	家 (7급)	族
가	족	집 가	겨레 족

가족: 부부를 중심으로 부모와 자식, 형제 자매의 관계를 이루는 사람들. "설날이 되어 온 가족이 모처럼 한자리에 모였다."

同	族	同 (7급)	族
동	족	한가지 동	겨레 족

동족: 같은 겨레. "다시는 동족끼리 총을 겨누는 일이 없어야 한다."

어이쿠.
같은 동족끼리 봐주며 합시다!
닥쳐라!

월
일 확인

정례

定例

정할 정 법식 례

定例 定例 定例 定例

정례 : 일정하게 정해진 규칙이나 관례.

특례

特例

특별할 특 법식 례

特例 特例 特例 特例

특례 : 특별한 예. 일반적인 관례에서 벗어나는 특별하거나 예외적인 경우.

특정

特定

특별할 특 정할 정

特定 特定 特定 特定

특정 : 특별히 정함. 특별히 정해진 것.

특별

特別

특별할 특 다를 별

特別 特別 特別 特別

특별 : 보통과 구별됨. 수준이나 질이 보통과 아주 다름.

월
일 확인

구별

區別

구역 구 나눌 별

구별 : 여럿을 성질이나 종류에 따라 가름.

부족

部族

거느릴 부 겨레 족

부족 : 원시 사회나 미개 사회에서 같은 조상, 언어, 종교 등을 지닌 생활 공동체.

친족

1-36쪽

親族

어버이 친 겨레 족

친족 : 촌수가 가까운 관계에 있는 사람들.

본부

1-39쪽

本部

근본 본 거느릴 부

본부 : 어떤 기관이나 단체의 중심이 되는 조직. 또는 그 조직이 있는 곳.

월
일 확인

용례

56쪽

用例

쓸 용 법식 례

용례 : 말이나 글의 쓰임을 보여 주는 예.

상경

7급

上京

위 상 서울 경

상경 : 지방에서 서울로 올라옴.

군민

8급

郡民

고을 군 백성 민

군민 : 그 군(郡)에 사는 사람.

부재자

7급 3-81쪽

不在者

아닐 부 있을 재 놈 자

부재자 : 현재 그 자리에 없는 사람.

월 일 확인

1 다음 글을 읽고, 한자로 된 낱말의 음(音)을 한글로 쓰세요.

(1) 매달 첫째 주 토요일에 定例 모임을 갖기로 했다.

(2) 이건 特別히 너한테만 하는 얘기야.

(3) 너와 네 동생은 얼굴만 봐서는 도저히 區別이 안 가.

(4) 그는 그 길로 기차를 타고 무작정 上京하였다.

(5) 지구상에는 아직도 알려지지 않은 部族들이 많다.

(6) 지금까지의 얘기는 全部 거짓말이야.

(7) 아빠는 部下 직원들과 함께 회식을 하고 늦게 오셨다.

(8) 낱말은 例文과 함께 익혀야 쉽게 익힐 수 있다.

(9) 2008년에는 北京에서 올림픽이 열렸다.

(10) 다시는 同族끼리 싸우는 일이 없어야 한다.

2 다음 한자어(漢字語)의 독음(讀音)을 쓰세요.

(1) 定時 (　　　　)　(2) 事例 (　　　　)

(3) 特色 (　　　　)　(4) 別世 (　　　　)

(5) 區間 (　　　　)　(6) 在學 (　　　　)

(7) 本部 (　　　　)　(8) 家族 (　　　　)

(9) 別名 (　　　　)　(10) 東京 (　　　　)

월 일 확인

3 다음 한자의 훈(訓)과 음(音)을 쓰세요.

(1) 別 ( ) (2) 例 ( )

(3) 京 ( ) (4) 部 ( )

(5) 定 ( ) (6) 特 ( )

(7) 在 ( ) (8) 族 ( )

(9) 區 ( ) (10) 郡 ( )

4 다음 글을 읽고, 밑줄 친 낱말을 한자로 쓰세요.

(1) 국민들은 모두 물가가 안정되기를 바란다.

(2) 너는 정말 악기를 다루는 재주가 특출하구나!

(3) 친구들 모두에게 물어보았지만 그의 소재를 알 수가 없었다.

(4) 북경은 오래전부터 중국의 수도였다.

(5) 구체적인 사례를 들어서 설명해 봐.

(6) 6·25는 동족끼리 총을 겨눈 전쟁이었다.

(7) 봄비가 대지를 촉촉히 적시고 있었다.

(8) 모처럼 온 가족이 함께 모여 식사를 하였다.

(9) 왕자는 거지와 옷을 바꿔 입었다.

(10) 누군가 출입구에 상자들을 잔뜩 쌓아 놓았다.

월 일 확인

5 다음 빈칸에 들어갈 한자를 쓰세요.

(1) 人命 [ ] 天 : 사람의 목숨은 하늘에 달려 있음.

(2) 男女有 [ ] : 남자와 여자 사이에는 분별이 있어야 함.

(3) 不 [ ] 者 : 현재 그 자리에 없는 사람.

(4) [ ] 別 : 여럿을 성질이나 종류에 따라 가름.

6 다음 한자어(漢字語)의 뜻을 쓰세요.

(1) 上京

(2) 同族

(3) 用例

(4) 郡民

7 다음 한자와 상대 또는 반대되는 한자를 〈보기〉에서 골라 그 번호를 쓰세요.

보기 ① 在 ② 火 ③ 前 ④ 右 ⑤ 同 ⑥ 現

(1) 別 ( ) (2) 左 ( )

(3) 水 ( )

월
일 확인

8 다음 물음에 대한 답을 〈보기〉에서 골라 그 번호를 쓰세요.

보기 ① 庭 ② 所 ③ 邑 ④ 洋 ⑤ 用 ⑥ 口

(1) 郡과 뜻이 비슷한 한자는?

(2) 定과 음이 같은 한자는?

(3) 區와 음이 같은 한자는?

9 다음 한자에서 ㉠획은 몇 번째 획일까요?

㉠

① 첫 번째
② 두 번째
③ 열한 번째
④ 열두 번째

10 다음 한자에서 ㉠획은 몇 번째 획일까요?

㉠

① 네 번째
② 다섯 번째
③ 여섯 번째
④ 일곱 번째

6급 마법급수한자

주문만 외우면 한자가 쏙쏙!

사회각신문업계소실의

땅에다 제사 지내는! 모일 사 社!

사람이 모여서 말하니! 모일 회 會!

입이 각각 말도 각각! 각각 각 各!

도끼를 새것으로 바꿔! 새 신 新!

문 두드리는 소리 들어 봐! 들을 문 聞!

나무 위에서 작업하니! 업 업 業!

밭 사이로 경계를 만드니! 경계 계 界!

물에 녹아 사라지는! 사라질 소 消!

잃어도 크게 잃었다! 잃을 실 失!

마음에서 우러나는 소리는! 뜻 의 意!

낱말을 만들어 봐!
社會, 會社, 新聞
各界, 業界, 消失, 失意
失業, 各各!

불안에 떠는 사람들

불불단의 이상한 요구에 대해 한중일 삼국은 고심에 고심을 거듭하고 있습니다.

시사 대담
불불단을 말한다.
QSP

그럼 여기서 사회 각계의 의견을 들어보겠습니다.

그건 말도 안 됩니다. 우리말 가운데 열에 일곱은 한자어인데 어떻게 하루 아침에 한자를 없애요!

스윽

우리 일본의 경우는 더합니다.

중국의 경우는 말할 것도 없지요.

저희 신문사들도 반대입니다. 한자로 된 말을 다 없애면 기사를 어떻게 써요!

저는 없애는 데 찬성이에요. 그럼 한자 공부할 필요가 없잖아요.

와구와구

포카칩

한자를 없애는 것도 문제이지만, 아닐 불(不) 자가 붙는 낱말만 남는 것이 더 큰 문제예요.

생각해 보세요. 평화 대신에 불화!

퍽

컥

한자를 없애다니요! 그럼 한자 교사들은 모두 실업자가 되라는 말입니까?

부르르

고심(苦心), 사회(社會), 각계(各界), 한자어(漢字語), 신문사(新聞社)
반대(反對), 기사(記事), 공부(工夫), 실업자(失業者), 평화(平和)

효도 대신 불효!

정직 대신 부정직!
ㅋㅋ

행운 대신 불운만 남는다면 세상이 어떻게 되겠어요?

불불단의 두 번째 요구에 대해서도 의견이 각인각색입니다.
QSP

급수시험에 불(不) 자가 붙는 낱말만 출제하라니 말도 안 돼요.
〈마법급수한자〉로 지금까지 열심히 공부한 사람들은 모두 실의에 빠질 거예요.

불(不) 자가 붙는 낱말만 나오면 당연히 더 좋죠. 공부할 글자가 몇 자 안 되잖아요. 히히.

천만의 말씀입니다. 합격이란 말이 없어지니 모두 불합격이 되는 것이지요.

마법신문

불불단 요구
들어줄 수 없다.
들어줘야 한다.

사람마다 의견이 달라
사회 불안 점점 심해져

정부도 뚜렷한 대책이 없어

한자신문

찬성과 반대
50 대(對) 50으로 팽팽

불불단이 요구한 시일(時日)은
바로 내일(來日)로 다가와

효도(孝道), 정직(正直), 행운(幸運), 각인각색(各人各色), 실의(失意), 천만(千萬)

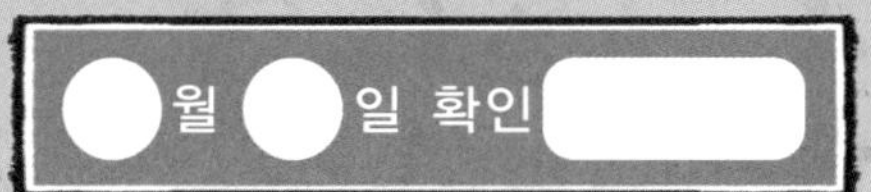
월 일 확인

땅에다 제사 지내는! 모일 사 社!

社 會 各 新 聞 業 界 消 失 意

社
훈 모일 음 사

示 부수 (보일시 부수)

온 가족이 모여서
땅에다 제사를
지내는 중이야.

필순에 따라 써 보세요.

총 8획

필순
모일 사

이렇게 쓰여요.

7급

사 내 모일 사 안 내

사내: 회사의 안. "언니는 사내에서 가장 인기가 많다.", "아빠와 엄마는 회사에서 처음 만나 사내 결혼을 하셨다."

7급

입 사 들 입 모일 사

입사: 회사 등에 취직하여 들어감. "모험과 도전을 좋아하는 형은 대기업을 마다하고 중소 기업에 입사했다."

세 명의 왕이
모두 모였네!
네 이놈! 여의필….

월 일 확인

사람이 모여서 말하니! 모일 회 會!

會
훈 모일 음 회

曰부수 (가로왈 부수)

사람이
다 모였으면
회의 시작!

필순에 따라 써 보세요.

총 13획

필순
모일 회

이렇게 쓰여요.

國 會
국 회

8급
國 나라 국 會 모일 회

국회: 국민의 대표들이 모여서 법률을 만들고 나라의 중요한 일을 결정하는 기관. "올해는 국회의원 선거가 있는 해이다."

面 會
면 회

7급
面 얼굴 면 會 모일 회

면회: 교도소나 군대같이 일반인의 출입이 제한된 곳에 있는 사람을 찾아가 잠시 만남. "군대에 있는 삼촌을 면회하고 왔다."

화과산 원숭이
모두 모여!
앗, 저기
두목이 온다!

월 일 확인

입이 각각 말도 각각! 각각 각 各!

各
훈 각각 음 각

口부수 (입구 부수)

전 물 떠왔어요!
닦자고 얘기한 건 나야!
저요!
그건 내기에서 져서 그런 거잖아.
창문을 누가 닦았니?

입이 각각이니 말도 각각이구나!

필순에 따라 써 보세요.

총 6획

필순
各
각각 각

이렇게 쓰여요.

각 자 / 7급 自 각각 각 스스로 자

각자: 각각의 자기 자신. 각각의 사람이 따로따로. "텐트는 선생님이 준비할 테니 세면도구는 각자 알아서 가지고 오너라."

각 지 / 7급 地 각각 각 땅 지

각지: 여러 지방. 여러 곳. "꽃 박람회를 보려고 전국 각지에서 사람들이 엄청나게 모여들었다."

네 사람이
각각 마을로 가서
천자문 조각
하나씩을 구해 와라!
각자 하나씩이다!

서마을 기장선원 동마을 남마을
에헴
흠!

월 일 확인

도끼를 새것으로 바꿔! 새 신 新!

新
훈 새 음 신

斤 부수 (도끼근 부수)

덕분에 도끼(斤)를 새것으로 바꿨어요.
으윽! 속았다!

社會各新聞業界消失意

필순에 따라 써 보세요.

총 13획

필순
새 신

이렇게 쓰여요.

新生 (8급 生)
신 생 — 새 신, 날 생

신생: 새로 나타나거나 태어남. "갓 태어난 사촌 동생은 지금 신생아실에 있다."

新人 (8급 人)
신 인 — 새 신, 사람 인

신인: 어떤 분야에 새로 등장하여 활동을 시작한 사람. "그 신인 가수는 음반을 내자마자 엄청난 인기를 끌었다."

도끼를
새것으로 바꿨어!

월 일 확인

문 두드리는 소리 들어 봐! 들을 문 聞!

聞
훈 들을 음 문

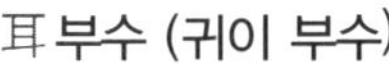

耳 부수 (귀이 부수)

똑똑
문(門)에다
귀(耳 귀 이)를 대니
소리가 들려!

필순에 따라 써 보세요.

총 14획

필순
聞
들을 문

이렇게 쓰여요.

7급

所 聞
소 문

所 바 소 聞 들을 문

소문: 사람들 입에 오르내려 전하는 말. "알고 보니 헛소문이었어.", "소문난 잔치에 먹을 것이 없다."

7급

後 聞
후 문

後 뒤 후 聞 들을 문

후문: 어떤 일에 관한 뒷말. "그 역은 원래 다른 배우가 맡기로 되어 있었다는 후문이 있다."

들게 해 줘! 들을 문!
끼로로, 끼로로!
聞

월 일 확인

나무 위에서 작업하니! 업 업 業!

業
훈 업 음 업

木 부수 (나무목 부수)

조금만
더 높이!
나무 위에 글자를
올리는 작업을
하고 있어.

필순에 따라 써 보세요.

총 13획

필순
業
업 업

이렇게 쓰여요.

事業 (사 업) — 事 7급 일 사, 業 업 업

사업: 경제적 이익을 위해 벌이는 지속적인 경제 활동. 이익을 추구하지 않는 사회 활동. "그는 사업에 성공하여 큰 돈을 벌었다."

同業 (동 업) — 同 7급 한가지 동, 業 업 업

동업: 두 사람 이상이 같이 사업을 함. 또는 그 사업. "엄마는 이모와 동업을 하기로 하고 작은 옷 가게를 열었다."

내 본업으로
말할 것 같으면
천국을
지키는
수문장이지!

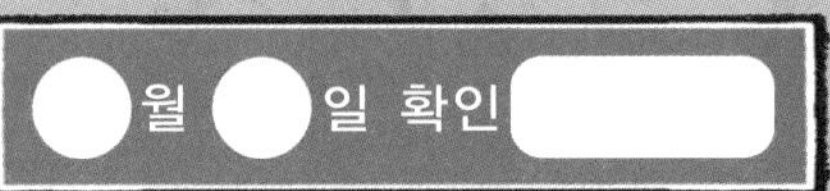
월 일 확인

밭 사이로 경계를 만드니! 경계 계 界!

社會各新聞業界消失意

界
훈 경계 음 계

田부수 (밭전 부수)

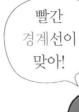

빨간 경계선이 맞아!
아냐! 파란 경계선이 맞아!

필순에 따라 써 보세요.

총 9획

필순
界
경계 계

이렇게 쓰여요.

世界 세계 — 7급 世 세상 세, 界 경계 계

세계: 지구상의 모든 나라. 인류 사회 전체. 어떤 범위나 영역. "세계 최초의 금속 활자는?", "동물의 세계는 정말 흥미롭다."

外界 외계 — 8급 外 바깥 외, 界 경계 계

외계: 바깥 세계. 지구 밖의 세계. "이 영화는 한 평범한 시민이 외계인의 공격에 맞서 지구를 지켜 내는 이야기이다."

경계망아, 쳐져라! 경계 계!

월
일 확인

물에 녹아 사라지는! 사라질 소 消!

消
훈 사라질 음 소

사라질 소(消)가
물[水]에 녹아
사라지고 있어!

(水)부수 (삼수변/물수 부수)

필순에 따라 써 보세요.

총 10획
필순
消
사라질 소

이렇게 쓰여요.

소 일
8급
日
사라질 소 날 일

소일: 별로 하는 일 없이 세월을 보냄. "요즘 할아버지께서는 바둑으로 소일하고 계십니다."

소 화
8급
火
사라질 소 불 화

소화: 불을 끔. "소화기가 없었다면 큰 불이 날 뻔했다."

그럼, 잘들 지내시오!
텅
사라져라! 사라질 소!
消
큰일이군!

월 일 확인

잃어도 크게 잃었다! 잃을 실 失!

失
훈 잃을 음 실

大부수 (큰대 부수)

失에서 큰 대(大)를 잃으니 요것만 남았어!

야호!

필순에 따라 써 보세요.

총 5획

필순
失
잃을 실

이렇게 쓰여요.

1-18쪽

失神 (실 신) — 失 잃을 실, 神 귀신 신

실신: 병이나 충격 등으로 정신을 잃음. "그는 너무나 충격이 커서 거의 실신할 지경이었다."

7급

失手 (실 수) — 失 잃을 실, 手 손 수

실수: 부주의로 잘못을 저지름. "실수로 남의 발을 밟았다.", "같은 실수를 두 번 다시 저지르지 마라."

마법천자패를 잃어버렸나 봐!
모두 내 잘못이야!

월 일 확인

마음에서 우러나는 소리는! 뜻 의 意!

意
훈 뜻 음 의

心 부수 (마음심 부수)

잘 들어 봐! 내 뜻을 알겠어?
음. 가슴(心)에서 무슨 소리(音)가 나긴 나는데, 심장 뛰는 소리 같아.

필순에 따라 써 보세요.

총 13획

필순
意
뜻 의

이렇게 쓰여요.

同 意
동 의

7급 同 意
한가지 동 뜻 의

동의: 다른 사람과 의견을 같이함. "나는 네 말에 절대 동의할 수 없어."

意 外
의 외

8급 意 外
뜻 의 바깥 외

의외: 미리 생각했던 것과 다름. "아버지께 게임기를 사 달라고 막무가내로 조를 생각이었는데, 의외로 선뜻 사 주셨다."

뜻이 적혀 있네!
맞아! 도사님께서 글자마다 뜻풀이를 해 놓으셨어.

월 일 확인

사회

社會

모일 사 모일 회

社會 社會 社會 社會

사회 : 같은 무리의 사람끼리 모여서 이루는 집단.

회사

會社

모일 회 모일 사

會社 會社 會社 會社

회사 : 사업을 통해 이익을 얻으려는 목적으로 만든 단체.

각계

各界

각각 각 경계 계

各界 各界 各界 各界

각계 : 사회의 여러 분야.

신문

新聞

새 신 들을 문

新聞 新聞 新聞 新聞

신문 : 세상의 여러 사건이나 소식을 신속하게 전해 주기 위한 정기 간행물.

월
일 확인

업계

業界

업 업 경계 계

업계 : 같은 산업에 종사하는 사람들의 사회.

소실

消失

사라질 소 잃을 실

소실 : 사물이 사라져 없어짐.

실의

失意

잃을 실 뜻 의

실의 : 의욕을 잃어버림.

실업

失業

잃을 실 업 업

실업 : 일자리를 잃음. 일할 마음이나 능력이 있어도 일자리를 얻지 못하는 상태.

6급 마법급수한자 낱말 깨치기

월
일 확인

본의

1-39쪽

本意

근본 본　뜻 의

본의 : 본래의 마음.

신식

3-31쪽

新式

새 신　법 식

신식 : 새로운 방식이나 형식.

풍문

3-93쪽

風聞

바람 풍　들을 문

풍문 : 이 사람 저 사람을 통해 들리는 확실하지 않은 소문.

각인각색

8급　7급

各人各色

각각 각　사람 인　각각 각　빛 색

각인각색 : 사람마다 각기 다름.

월 일 확인

1 다음 글을 읽고, 한자로 된 낱말의 음(音)을 한글로 쓰세요.

(1) 너는 社會에 나가면 어떤 일을 하고 싶니?

(2) 삼촌은 대학을 졸업하자마자 會社에 들어갔다.

(3) 各界의 지도자들이 한자리에 모였다.

(4) 新聞은 세상의 여러 가지 소식을 알려 준다.

(5) 경기에 지자 선수들은 모두 失意에 빠졌다.

(6) 요즘 청년 失業이 사회적으로 큰 문제가 되고 있다.

(7) 군대에 있는 삼촌을 面會하고 왔다.

(8) 그 역을 탐낸 배우가 많았었다는 後聞이 있다.

(9) 엄마와 이모는 同業을 하기로 하고 작은 서점을 열었다.

(10) 그 문제는 무척 어려워 보였지만 意外로 쉽게 풀렸다.

2 다음 한자어(漢字語)의 독음(讀音)을 쓰세요.

(1) 國會 (　　　　)　(2) 各自 (　　　　)

(3) 所聞 (　　　　)　(4) 事業 (　　　　)

(5) 世界 (　　　　)　(6) 消火 (　　　　)

(7) 失手 (　　　　)　(8) 同意 (　　　　)

(9) 新式 (　　　　)　(10) 各地 (　　　　)

3 다음 한자의 훈(訓)과 음(音)을 쓰세요.

(1) 會 (　　　　　)　(2) 界 (　　　　　)

(3) 消 (　　　　　)　(4) 各 (　　　　　)

(5) 社 (　　　　　)　(6) 失 (　　　　　)

(7) 聞 (　　　　　)　(8) 意 (　　　　　)

(9) 新 (　　　　　)　(10) 業 (　　　　　)

4 다음 글을 읽고, 밑줄 친 낱말을 한자로 쓰세요.

(1) <u>사장</u>님께서는 직원들에게 추석 선물을 직접 나누어 주셨다.

(2) <u>국회</u>가 하는 가장 중요한 일은 법률을 만드는 것이다.

(3) 그 <u>신인</u> 배우는 첫 번째 영화로 큰 상을 받았다.

(4) <u>소문</u>만으로는 사실인지 아닌지 알 수가 없다.

(5) <u>외계인</u>을 찾기 위해 우주선이 발사되었다.

(6) 우리나라의 전자 <u>공업</u>은 지난 수십 년 동안 눈부시게 발전했다.

(7) 세계적인 테너 가수의 <u>내한</u> 공연이 열렸다.

(8) 아저씨는 동네에서 <u>인심</u>이 좋기로 소문이 났다.

(9) 그 애는 약속 <u>시간</u>에 늦는 법이 없다.

(10) 아빠는 <u>휴일</u>만 되면 낚시를 가신다.

5 다음 빈칸에 들어갈 한자를 쓰세요.

(1) □ 人 □ 色 : 사람마다 각기 다름.

(2) 英語 □ 話 : 영어로 이야기를 주고받는 것.

(3) □ 失 : 사물이 사라져 없어짐.

(4) 風 □ : 바람처럼 떠도는 소문.

6 다음 한자어(漢字語)의 뜻을 쓰세요.

(1) 失業

(2) 新生

(3) 社會

(4) 本意

7 다음 한자와 상대 또는 반대되는 한자를 〈보기〉에서 골라 그 번호를 쓰세요.

보기 ① 北 ② 東 ③ 現 ④ 使 ⑤ 草 ⑥ 川

(1) 山 (　　　　) (2) 西 (　　　　)

(3) 消 (　　　　)

월
일 확인

8 다음 물음에 대한 답을 〈보기〉에서 골라 그 번호를 쓰세요.

보기 ① 分 ② 室 ③ 集 ④ 始 ⑤ 晝 ⑥ 海

(1) 會와 뜻이 비슷한 한자는?

(2) 失과 음이 같은 한자는?

(3) 注와 음이 같은 한자는?

9 다음 글을 읽고, 〈보기〉에서 밑줄 친 부분을 뜻으로 갖는 글자를 골라 한자로 쓰세요.

보기 聞 意 各 失 業 新

(1) 어머니께서 새 옷을 사 주셨다.

(2) 선생님의 설명을 주의 깊게 잘 들어야 한다.

(3) 집에 오는 길에 오백 원을 잃어버렸다.

(4) 모르는 낱말이 나오면 사전에서 뜻을 찾아봐야 한다.

10 다음 글을 읽고, 잘못된 한자어를 바르게 고쳐 쓰세요.

(1) 삼촌은 우리나라에서 알아주는 대기업에 入事하셨다.

(2) 대학생이 되면 세계 角地를 돌아다니며 여행할 것이다.

(3) 덤벙거리는 성격 때문에 室手를 많이 한다.

(4) 공부를 별로 하지 못했는데 醫外로 시험을 잘 보았다.

월 일 확인

11 다음 한자에서 ㉠획은 몇 번째 획일까요?

① 여섯 번째
② 일곱 번째
③ 여덟 번째
④ 열 번째

12 다음 한자에서 ㉠획은 몇 번째 획일까요?

① 여덟 번째
② 아홉 번째
③ 열 번째
④ 열한 번째

13 다음 한자에서 ㉠획은 몇 번째 획일까요?

① 세 번째
② 네 번째
③ 다섯 번째
④ 여섯 번째

잠깐만!

사자성어 2

8급부터 6급까지 한자로 된 사자성어(四字成語)들을 모았습니다.
한자로 된 낱말 중에는 이처럼 네 글자 낱말이 많아요.

山戰水戰	山戰水戰	山戰水戰

산전수전 온갖 고난과 어려움.

山川草木	山川草木	山川草木

산천초목 산, 내, 풀, 나무라는 뜻으로, 자연을 말함.

三三五五	三三五五	三三五五

삼삼오오 서넛 또는 대여섯씩 무리를 지어 다님.

生老病死	生老病死	生老病死

생로병사 태어나고 늙고 병들고 죽는 것.

生死苦樂	生死苦樂	生死苦樂

생사고락 삶과 죽음, 괴로움과 즐거움.

十中八九	十中八九	十中八九

십중팔구 열에 여덟이나 아홉 꼴로 그러함.

人命在天	人命在天	人命在天

인명재천 사람의 목숨은 하늘에 달려 있음.

人事不省	人事不省	人事不省

인사불성 제 몸도 못 가눌 정도로 정신을 잃음.

人山人海	人山人海	人山人海

인산인해 사람이 산과 바다를 이룰 정도로 많음.

人海戰術	人海戰術	人海戰術

인해전술 사람의 수를 많게 해서 이기려는 공격법.

잠깐만!

사자성어 2

8급부터 6급까지 한자로 된 사자성어(四字成語)들을 모았습니다.
한자로 된 낱말 중에는 이처럼 네 글자 낱말이 많아요.

一口二言	一口二言	一口二言

일구이언 한 입으로 두 말을 함.

一心同體	一心同體	一心同體

일심동체 한 마음 한 몸으로 굳게 뭉침.

一日三省	一日三省	一日三省

일일삼성 하루에 세 번 반성함.

一長一短	一長一短	一長一短

일장일단 장점과 단점을 동시에 지니고 있음.

自問自答	自問自答	自問自答

자문자답 스스로 묻고 스스로 대답함.

子孫萬代	子孫萬代	子孫萬代

자손만대 오래도록 내려오는 여러 대.

自手成家	自手成家	自手成家

자수성가 혼자의 힘으로 집안을 일으키고 재산을 모음.

作心三日	作心三日	作心三日

작심삼일 단단히 마음 먹고도 고작 사흘을 못 감.

電光石火	電光石火	電光石火

전광석화 번갯불과 부싯돌이 번쩍거리는 아주 짧은 순간.

正正堂堂	正正堂堂	正正堂堂

정정당당 바르고 떳떳함.

잠깐만!

사자성어 2

8급부터 6급까지 한자로 된 사자성어(四字成語)들을 모았습니다.
한자로 된 낱말 중에는 이처럼 네 글자 낱말이 많아요.

晝夜長川 晝夜長川 晝夜長川

주야장천 밤낮으로 쉬지 않고 연달아.

千萬多幸 千萬多幸 千萬多幸

천만다행 아주 다행스러움.

天上天下 天上天下 天上天下

천상천하 하늘 위와 하늘 아래. 온 세상.

天下第一 天下第一 天下第一

천하제일 세상에 견줄 만한 것이 없을 정도로 최고임.

清風明月 清風明月 清風明月

청풍명월 맑은 바람과 밝은 달.

草綠同色 草綠同色 草綠同色

초록동색 풀색과 녹색은 이름은 달라도 한가지 색.

太平天國 太平天國 太平天國

태평천국 근심 걱정이 없는 이상적인 나라.

八方美人 八方美人 八方美人

팔방미인 여러 가지를 다 잘하는 사람.

形形色色 形形色色 形形色色

형형색색 여러 가지 모양과 여러 가지 색깔.

訓民正音 訓民正音 訓民正音

훈민정음 백성을 가르치는 바른 소리. 한글을 이르는 말.

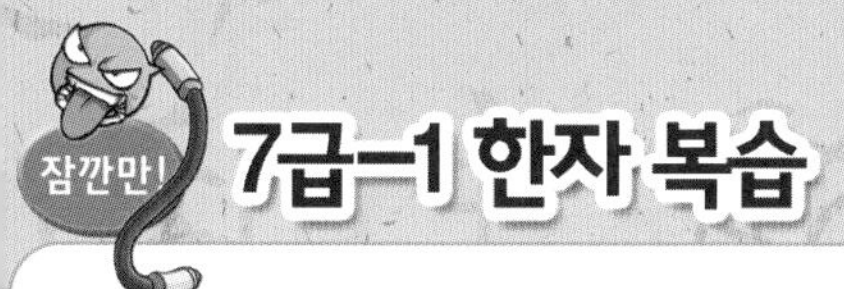
잠깐만!

7급-1 한자 복습

**6급 시험에서는 7급 한자 100자에 대한 쓰기 문제가 출제됩니다.
7급-1권에서 공부한 내용을 복습해 봅시다.**

춘하추동 오석으로 매시 동시에!

春 夏 秋 冬 午 夕 每 同 時

춘 하 추 동 오 석 매 동 시

春	夏	秋	冬	午	夕	每	同	時
봄 춘	여름 하	가을 추	겨울 동	낮 오	저녁 석	매양 매	한가지 동	때 시
春	夏	秋	冬	午	夕	每	同	時
봄 춘	여름 하	가을 추	겨울 동	낮 오	저녁 석	매양 매	한가지 동	때 시

春夏秋冬, 春秋, 秋夕, 每時, 同時

출입구 직립해서 정평방면!

出 入 口 直 立 正 平 方 面

출 입 구 직 립 정 평 방 면

出	入	口	直	立	正	平	方	面
날 출	들 입	입 구	곧을 직	설 립	바를 정	평평할 평	모 방	얼굴 면
出	入	口	直	立	正	平	方	面
날 출	들 입	입 구	곧을 직	설 립	바를 정	평평할 평	모 방	얼굴 면

出入, 出口, 入口, 直立, 正直, 方面, 正面

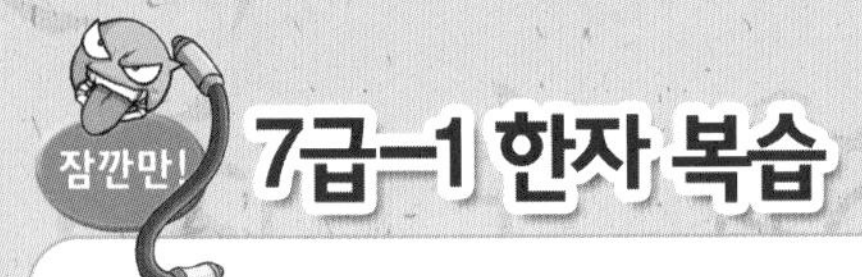
잠깐만!

7급-1 한자 복습

7급-1권에서 공부한 내용을 복습해 봅시다.

산수, 어문 뭐가 좋아? 한자로 문답!

算數語文漢字問答

산 수 어 문 한 자 문 답

算	數	語	文	漢	字	問	答
셈할 산	셈할 수	말씀 어	글월 문	한나라 한	글자 자	물을 문	대답할 답
算	數	語	文	漢	字	問	答

算數, 語文, 漢字, 問答, 文字, 漢文

주소 성명 동리읍시 빼놓지 말자!

住所姓名洞里邑市命

주 소 성 명 동 리 읍 시 명

住	所	姓	名	洞	里	邑	市	命
살 주	바 소	성 성	이름 명	마을 동	마을 리	고을 읍	저자 시	목숨 명
住	所	姓	名	洞	里	邑	市	命

住所, 姓名, 洞里, 命名, 名所

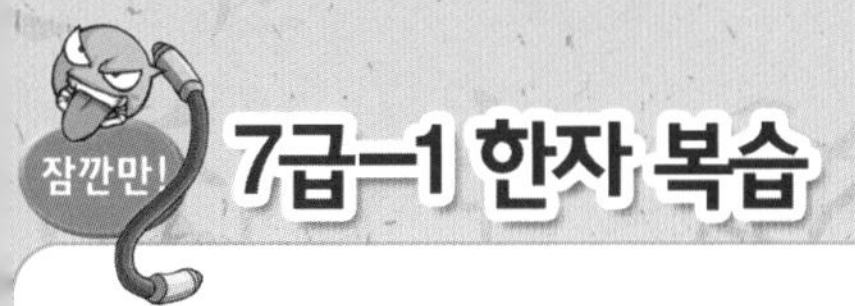
잠깐만!

7급-1 한자 복습

7급-1권에서 공부한 내용을 복습해 봅시다.

농촌엔 식물화초! 나무 키워 육림!

農 村 植 物 花 草 育 林
농 촌 식 물 화 초 육 림

農	村	植	物	花	草	育	林
농사 농	마을 촌	심을 식	물건 물	꽃 화	풀 초	기를 육	수풀 림
農	村	植	物	花	草	育	林
農村, 植物, 花草, 育林, 農林							

주유기중활동에 력만 붙여 봐!

主 有 氣 重 活 動 力
주 유 기 중 활 동 력

主	有	氣	重	活	動	力
주인 주	있을 유	기운 기	무거울 중	살 활	움직일 동	힘 력
主	有	氣	重	活	動	力
主力, 有力, 氣力, 重力, 活力, 動力, 活動, 活氣						

낱말

6급 낱말 총정리

이 책에 등장하는 6급 및 6+7급, 6+8급 낱말의 목록입니다.
시험에 나온다고 생각하면서 이 낱말들을 읽어 보세요.

6급

낱말	쪽
各界	102
開發	40
開放	40
開始	41
高利	64
公開	40
公共	40
共用	42
交代	22
交通	20
區別	83
近代	22
代行	21
發明	41
發言	41
本部	83
本意	104
部族	83
社交	12
使用	62
社會	102
石油	63
成功	41
消失	103
始作	42
新聞	102
新式	104
信用	22
失神	100
失業	103
失意	103
言行	42
業界	103
用例	84
運行	20
遠近	20
遠洋	10
銀行	21
利用	62
理由	62
作成	42
定例	82
定石	63
注油	63
親族	83
太古	64
太陽	62
通路	21
通信	20
特例	82
特別	82
特使	63
特定	82
風聞	104
合理	64
行路	21
現在	77
會社	102

6+7 급

낱말	쪽
家族	81
各人各色	104
各自	94
各地	94
開花	32
共同	31
功力	35
共有	31
公平	30
區間	76
郡內	79
近世	11
近海	11
路面	19
道理	57
同業	97
同意	101
同族	81
登用	56
面會	93
名言	38

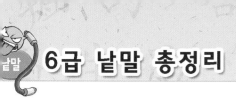

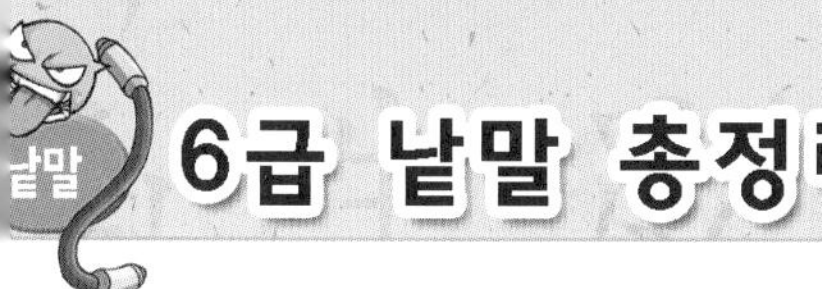

6급 낱말 총정리

6+8 급

실력향상문제 제1회

1 (1) 원근 (2) 교통 (3) 통신 (4) 은행
(5) 운행 (6) 교대 (7) 근해 (8) 도로
(9) 행동 (10) 사교

2 (1) 원대 (2) 근세 (3) 통화 (4) 외신
(5) 운동 (6) 시대 (7) 행사 (8) 노면
(9) 근대 (10) 은행

3 (1) 옮길 운 (2) 통할 통 (3) 가까울 근
(4) 대신할 대 (5) 다닐 행/항렬 항 (6) 믿을 신
(7) 길 로 (8) 사귈 교 (9) 멀 원 (10) 은 은

4 (1) 外交 (2) 答信 (3) 孝行 (4) 幸運
(5) 通行 (6) 車道 (7) 地面 (8) 少年
(9) 來日 (10) 漢江

5 (1) 行 (2) 代 (3) 通 (4) 銀

6 (1) 크고 넓은 길. 큰길.
(2) 멀고 가까움. 먼 곳과 가까운 곳.
(3) 전화를 통해 말을 주고받음.
(4) 남들에게 믿을 만하다고 여겨짐. 또는 그런 믿음의 정도.

7 (1) ④ (2) ⑤ (3) ②

8 (1) ⑤ (2) ③ (3) ②

9 ②   10 ③

실력향상문제 제2회

1 (1) 공공 (2) 개방 (3) 성공 (4) 개시
(5) 발언 (6) 발명 (7) 개발 (8) 작성
(9) 방화 (10) 공개

2 (1) 공평 (2) 공유 (3) 방심 (4) 성장
(5) 공력 (6) 시조 (7) 출발 (8) 자명
(9) 명언 (10) 개화

3 (1) 함께 공 (2) 공평할 공 (3) 필 발
(4) 비로소 시 (5) 열 개 (6) 이룰 성 (7) 놓을 방
(8) 말씀 언 (9) 공 공 (10) 밝을 명

4 (1) 公正 (2) 開學 (3) 育成 (4) 發生
(5) 共同 (6) 農事 (7) 國家 (8) 正直
(9) 外家 (10) 地方

5 (1) 明, 明 (2) 發 (3) 始 (4) 開

6 (1) 함께 사용함. 공동으로 사용하는 것.
(2) 말과 행동.
(3) 발전기나 전동기 등의 발동이 걸리기 시작함.
(4) 한 가지 일을 여럿이 같이함.

7 (1) ① (2) ② (3) ⑤

8 (1) ① (2) ③ (3) ⑤

9 ①   10 ①

실력향상문제 제3회

1 (1) 태양 (2) 사용 (3) 이용 (4) 이유
(5) 석유 (6) 주유 (7) 불리 (8) 지리
(9) 주문 (10) 태조

2 (1) 태평 (2) 양지 (3) 사명 (4) 유리
(5) 등용 (6) 유래 (7) 주문 (8) 식용유
(9) 주입 (10) 활용

3 (1) 쓸 용 (2) 볕 양 (3) 다스릴 리 (4) 이로울 리
(5) 말미암을 유 (6) 기름 유 (7) 부을 주
(8) 부릴 사 (9) 클 태 (10) 돌 석

4 (1) 夕陽 (2) 便利 (3) 活用 (4) 木石
(5) 地理 (6) 木手 (7) 下校 (8) 全國
(9) 市場 (10) 海軍

5 (1) 太 (2) 由 (3) 用 (4) 陽

6 (1) 높은 이자. 비싼 이자.
(2) 기름을 넣음.
(3) 사람이 마땅히 행하거나 지켜야 할 바른길.

해답
실력향상문제 해답

(4) 석수. 돌을 다루어 물건을 만드는 사람.

7 (1) ⑤ (2) ③ (3) ⑥

8 (1) ③ (2) ⑥ (3) ⑤

9 ③ 10 ③

실력향상문제 제4회

1 (1) 정례 (2) 특별 (3) 구별 (4) 상경
(5) 부족 (6) 전부 (7) 부하 (8) 예문
(9) 북경 (10) 동족

2 (1) 정시 (2) 사례 (3) 특색 (4) 별세
(5) 구간 (6) 재학 (7) 본부 (8) 가족
(9) 별명 (10) 동경

3 (1) 나눌 별/다를 별 (2) 법식 례
(3) 서울 경 (4) 거느릴 부/떼 부
(5) 정할 정 (6) 특별할 특 (7) 있을 재
(8) 겨레 족 (9) 구역 구 (10) 고을 군

4 (1) 安定 (2) 特出 (3) 所在 (4) 北京
(5) 事例 (6) 同族 (7) 大地 (8) 食事
(9) 王子 (10) 出入口

5 (1) 在 (2) 別 (3) 在 (4) 區

6 (1) 서울로 올라옴. 지방에서 서울로 올라옴.
(2) 같은 겨레. 같은 민족.
(3) 말이나 글의 쓰임을 보여 주는 예.
(4) 그 군에 사는 사람.

7 (1) ⑤ (2) ④ (3) ②

8 (1) ③ (2) ① (3) ⑥

9 ③ 10 ④

실력향상문제 제 5 회

1 (1) 사회 (2) 회사 (3) 각계 (4) 신문
(5) 실의 (6) 실업 (7) 면회 (8) 후문
(9) 동업 (10) 의외

2 (1) 국회 (2) 각자 (3) 소문 (4) 사업
(5) 세계 (6) 소화 (7) 실수 (8) 동의
(9) 신식 (10) 각지

3 (1) 모일 회 (2) 경계 계 (3) 사라질 소
(4) 각각 각 (5) 모일 사 (6) 잃을 실
(7) 들을 문 (8) 뜻 의 (9) 새 신 (10) 업 업

4 (1) 社長 (2) 國會 (3) 新人 (4) 所聞
(5) 外界人 (6) 工業 (7) 來韓 (8) 人心
(9) 時間 (10) 休日

5 (1) 各, 各 (2) 會 (3) 消 (4) 聞

6 (1) 일자리를 잃음.
(2) 새로 생김. 새로 생기거나 태어남.
(3) 같은 무리의 사람끼리 모여서 이루는 집단.
(4) 본래의 마음.

7 (1) ⑥ (2) ② (3) ③

8 (1) ③ (2) ② (3) ⑤

9 (1) 新 (2) 聞 (3) 失 (4) 意

10 (1) 入事 → 入社 (2) 角地 → 各地
(3) 室手 → 失手 (4) 醫外 → 意外

11 ①

12 ④

13 ③

해답

모의 한자능력검정시험 해답

모의 한자능력 검정시험 제1회

(1) 작별
(2) 영특
(3) 부분
(4) 신통
(5) 성과
(6) 본업
(7) 발병
(8) 작용
(9) 현대
(10) 형성
(11) 교통
(12) 공공
(13) 개시
(14) 발언
(15) 이유
(16) 구별
(17) 상경
(18) 각계
(19) 실의
(20) 교신
(21) 사교
(22) 조회
(23) 친족
(24) 본사
(25) 개회
(26) 각별
(27) 작업
(28) 업계
(29) 개발
(30) 방화
(31) 성립
(32) 부하
(33) 통할 통
(34) 열 개
(35) 가까울 근
(36) 다닐 행(항렬 항)
(37) 길 로
(38) 사귈 교
(39) 함께 공
(40) 공평할 공
(41) 공 공
(42) 기름 유
(43) 부릴 사
(44) 모일 회
(45) 경계 계
(46) 잃을 실
(47) 들을 문
(48) 나눌 별(다를 별)
(49) 법식 례
(50) 거느릴 부(떼 부)
(51) 구역 구
(52) 특별할 특
(53) 필 발
(54) 밝을 명
(55) 이룰 성
(56) 정할 정
(57) 놓을 방
(58) 볕 양
(59) 다스릴 리
(60) 이로울 리
(61) 부을 주
(62) 教室
(63) 國土
(64) 母校
(65) 生水
(66) 火山
(67) 室內
(68) 一生
(69) 青年
(70) 學校
(71) 三兄弟
(72) ⑥
(73) ①
(74) ⑤
(75) ⑦
(76) 함께 소유함. 여럿이 공동으로 소유함.
(77) 볕이 드는 땅. 해가 드는 땅.
(78) ④
(79) ④
(80) ②

모의 한자능력 검정시험 제2회

(1) 공원
(2) 친근
(3) 분명
(4) 구분
(5) 급행
(6) 사별
(7) 작성
(8) 대표
(9) 통신
(10) 운행
(11) 개방
(12) 발명
(13) 이용
(14) 석유
(15) 특별
(16) 부족
(17) 회사
(18) 신문
(19) 실업
(20) 공통
(21) 발신
(22) 근대
(23) 신작
(24) 개업
(25) 행로
(26) 자신
(27) 세대
(28) 대로
(29) 시동
(30) 불리
(31) 주입
(32) 현재
(33) 의외
(34) 옮길 운
(35) 멀 원
(36) 대신할 대
(37) 믿을 신
(38) 길 로
(39) 함께 공
(40) 공 공
(41) 비로소 시
(42) 열 개
(43) 놓을 방
(44) 쓸 용
(45) 다스릴 리
(46) 말미암을 유
(47) 부을 주
(48) 클 태
(49) 서울 경
(50) 정할 정

(51) 있을 재
(52) 모일 회
(53) 업 업
(54) 각각 각
(55) 새 신
(56) 敎育
(57) 軍歌
(58) 東方
(59) 民家
(60) 北上
(61) 入門
(62) 休校
(63) 學問
(64) 土地
(65) 靑春
(66) 農場
(67) 動物
(68) 名所
(69) 不問
(70) 邑內
(71) 全力
(72) 秋夕
(73) 海物
(74) 活動
(75) 命名
(76) ⑧
(77) ⑥
(78) ①
(79) ④
(80) ①
(81) ③
(82) 정신을 잃음.
(83) 스스로 분명함. 그 자체로 명백함.
(84) ①
(85) ④
(86) ②
(87) ②
(88) ③
(89) ③
(90) ①

모의 한자능력 검정시험 제3회

(1) 발음
(2) 분별
(3) 실신
(4) 친교
(5) 시작
(6) 발표
(7) 서신
(8) 광명
(9) 노선
(10) 은행
(11) 교대
(12) 성공
(13) 태양
(14) 사용
(15) 주유
(16) 본부
(17) 사회
(18) 개통
(19) 발행
(20) 공개
(21) 실명
(22) 특사
(23) 신용
(24) 신약
(25) 분업
(26) 통로
(27) 근세
(28) 직통
(29) 공인
(30) 개국
(31) 사유
(32) 별명
(33) 소일
(34) 통할 통
(35) 가까울 근
(36) 은 은
(37) 사귈 교
(38) 공평할 공
(39) 필 발
(40) 밝을 명
(41) 이룰 성
(42) 말씀 언
(43) 볕 양
(44) 이로울 리
(45) 기름 유
(46) 돌 석
(47) 부릴 사
(48) 고을 군
(49) 특별할 특
(50) 겨레 족
(51) 들을 문
(52) 사라질 소
(53) 모일 사
(54) 잃을 실
(55) 뜻 의
(56) 萬物
(57) 文學
(58) 生命
(59) 水力
(60) 數學
(61) 植木日
(62) 人名
(63) 重大
(64) 出國
(65) 平日
(66) 家事
(67) 間食
(68) 工事
(69) 內外
(70) 不足
(71) 色紙
(72) 食口
(73) 安心
(74) 自動
(75) 電氣
(76) ⑦
(77) ⑥
(78) ⑤
(79) ⑦
(80) ①
(81) ②
(82) (화재가 났을 때) 불을 끔.
(83) 길의 표면. 길바닥.
(84) ④
(85) ④
(86) ②
(87) ①
(88) ②
(89) ②
(90) ④

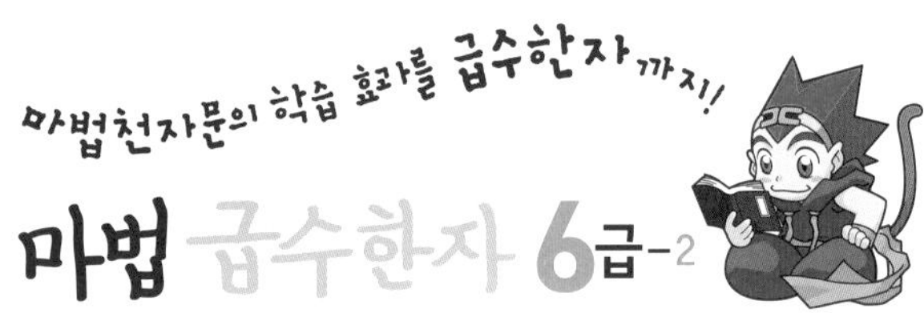
마법천자문의 학습 효과를 급수한자까지!
마법 급수한자 6급-2

1판 1쇄 발행 2009년 3월 24일
개정 3판 1쇄 발행 2023년 10월 17일

펴낸이 김영곤
마천사업본부 이사 은지영
기획개발 장영옥 김은진 조영진 김혜영
아동마케팅영업 본부장 변유경
아동마케팅1팀 김영남 황혜선 이규림 정성은 **아동마케팅2팀** 임동렬 이해림 최윤아 손용우
아동영업팀 강경남 오은희 김규희 황성진 양슬기
제작 관리 이영민 권경민

펴낸곳 ㈜북이십일 아울북
출판등록 2000년 5월 6일 제406-2003-061호
주소 (우 10881) 경기도 파주시 회동길 201(문발동)
전화 031-955-2100(영업 · 독자문의) 031-955-2128(기획개발)
브랜드사업문의 license21@book21.co.kr
팩스 031-955-2177

ISBN 979-11-7117-131-6
가격은 책 뒤표지에 있습니다.

• 제조자명 : (주)북이십일
• 주소 및 전화번호 : 경기도 파주시 회동길 201(문발동) / 031-955-2100
• 제조연월 : 2023.10.17
• 제조국명 : 대한민국
• 사용연령 : 3세 이상 어린이 제품

※ 모의 한자능력검정시험을 치른 후, 답을 이곳에 기재하세요.

수험번호 □□□-□□-□□□□ 성명 □□□□□

주민등록번호 □□□□□□-□□□□□□□

*유성 사인펜, 붉은색 기구 사용 불가.

*답안지는 컴퓨터로 처리되므로 구기거나 더럽히지 마시고, 정답 칸 안에만 쓰십시오.
글씨가 채점란으로 들어오면 오답 처리가 됩니다.

제1회 한자능력검정시험 6급Ⅱ 답안지(1)

답안란		채점란		답안란		채점란		답안란		채점란	
번호	정 답	1검	2검	번호	정 답	1검	2검	번호	정 답	1검	2검
1				14				27			
2				15				28			
3				16				29			
4				17				30			
5				18				31			
6				19				32			
7				20				33			
8				21				34			
9				22				35			
10				23				36			
11				24				37			
12				25				38			
13				26				39			

감독위원	채점위원(1)		채점위원(2)		채점위원(3)	
(서명)	(득점)	(서명)	(득점)	(서명)	(득점)	(서명)

* 본 답안지는 컴퓨터로 처리되므로 구기거나 더럽혀지지 않도록 조심하시고 글씨를 칸 안에 또박또박 쓰십시오.

제1회 한자능력검정시험 6급Ⅱ 답안지(2)

답안란		채점란		답안란		채점란		답안란		채점란	
번호	정 답	1검	2검	번호	정 답	1검	2검	번호	정 답	1검	2검
40				54				68			
41				55				69			
42				56				70			
43				57				71			
44				58				72			
45				59				73			
46				60				74			
47				61				75			
48				62				76			
49				63				77			
50				64				78			
51				65				79			
52				66				80			
53				67							

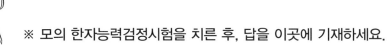

※ 모의 한자능력검정시험을 치른 후, 답을 이곳에 기재하세요.

수험번호 □□□-□□-□□□□□ 성명 □□□□□

주민등록번호 □□□□□□-□□□□□□□ *유성 사인펜, 붉은색 기구 사용 불가.

*답안지는 컴퓨터로 처리되므로 구기거나 더럽히지 마시고, 정답 칸 안에만 쓰십시오.
글씨가 채점란으로 들어오면 오답 처리가 됩니다.

제2회 한자능력검정시험 6급 답안지(1)

답안란		채점란		답안란		채점란		답안란		채점란	
번호	정 답	1검	2검	번호	정 답	1검	2검	번호	정 답	1검	2검
1				15				29			
2				16				30			
3				17				31			
4				18				32			
5				19				33			
6				20				34			
7				21				35			
8				22				36			
9				23				37			
10				24				38			
11				25				39			
12				26				40			
13				27				41			
14				28				42			

감독위원	채점위원(1)		채점위원(2)		채점위원(3)	
(서명)	(득점)	(서명)	(득점)	(서명)	(득점)	(서명)

※ 본 답안지는 컴퓨터로 처리되므로 구기거나 더럽혀지지 않도록 조심하시고 글씨를 칸 안에 또박또박 쓰십시오.

제2회 한자능력검정시험 6급 답안지(2)

답안란		채점란		답안란		채점란		답안란		채점란	
번호	정 답	1검	2검	번호	정 답	1검	2검	번호	정 답	1검	2검
43				59				75			
44				60				76			
45				61				77			
46				62				78			
47				63				79			
48				64				80			
49				65				81			
50				66				82			
51				67				83			
52				68				84			
53				69				85			
54				70				86			
55				71				87			
56				72				88			
57				73				89			
58				74				90			

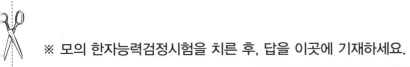

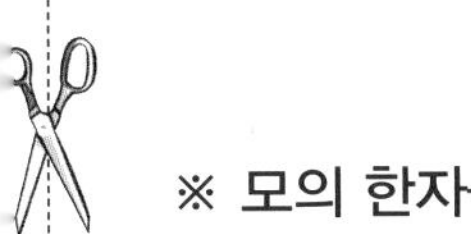

※ 모의 한자능력검정시험을 치른 후, 답을 이곳에 기재하세요.

수험번호 □□□-□□-□□□□ 성명 □□□□□

주민등록번호 □□□□□□-□□□□□□□ *유성 사인펜, 붉은색 기구 사용 불가.

*답안지는 컴퓨터로 처리되므로 구기거나 더럽히지 마시고, 정답 칸 안에만 쓰십시오.
글씨가 채점란으로 들어오면 오답 처리가 됩니다.

제3회 한자능력검정시험 6급 답안지(1)

답안란		채점란		답안란		채점란		답안란		채점란	
번호	정 답	1검	2검	번호	정 답	1검	2검	번호	정 답	1검	2검
1				15				29			
2				16				30			
3				17				31			
4				18				32			
5				19				33			
6				20				34			
7				21				35			
8				22				36			
9				23				37			
10				24				38			
11				25				39			
12				26				40			
13				27				41			
14				28				42			

감독위원	채점위원(1)		채점위원(2)		채점위원(3)	
(서명)	(득점)	(서명)	(득점)	(서명)	(득점)	(서명)

* 본 답안지는 컴퓨터로 처리되므로 구기거나 더럽혀지지 않도록 조심하시고 글씨를 칸 안에 또박또박 쓰십시오.

제3회 한자능력검정시험 6급 답안지(2)

답안란		채점란		답안란		채점란		답안란		채점란	
번호	정 답	1검	2검	번호	정 답	1검	2검	번호	정 답	1검	2검
43				59				75			
44				60				76			
45				61				77			
46				62				78			
47				63				79			
48				64				80			
49				65				81			
50				66				82			
51				67				83			
52				68				84			
53				69				85			
54				70				86			
55				71				87			
56				72				88			
57				73				89			
58				74				90			